MOC SZACUNKU

Reinhard Haller

MOC SZACUNKU

Jak wzmacniać innych i samemu stawać się silniejszym

tłumaczenie Marta Książkiewicz

OTWARTE
KRAKÓW 2022

Tytuł oryginału: *Das Wunder der Wertschätzung. Wie wir andere stark machen und dabei selbst stärker werden*

Published originally under the title *Das Wunder der Wertschätzung*

Wydawca prowadzący: Ewelina Tondys

Redaktor prowadzący: Anna Małocha

Przyjęcie tłumaczenia: Anna Siwek

Projekt graficzny wnętrza książki: Atelier 2

Adiustacja, korekta i łamanie: Pracownia 12A

Projekt okładki: Eliza Luty

ISBN 978-83-8135-122-5

W tekście zasadniczo nie jest stosowany gramatyczny rodzaj męski i żeński, lecz przeważnie męski. Zabieg ten służy jedynie poprawie czytelności tekstu i nie należy go rozumieć jako brak szacunku wobec czytelniczek.

OTWARTE
www.otwarte.eu

Dystrybucja: SIW Znak. Zapraszamy na www.znak.com.pl

SPIS TREŚCI

WSTĘP

Wszyscy wiemy z własnego doświadczenia, jak przyjemnie jest spotykać się z akceptacją i uznaniem, doświadczać życzliwego zainteresowania, usłyszeć pochwałę czy zetknąć się z wdzięcznością. Mimo to w ciągu ostatnich kilkudziesięciu lat szacunek stracił na znaczeniu. Ludzie stali się wobec siebie mniej przyjaźnie nastawieni i bardziej szorstcy. Na porządku dziennym są zniewagi i ośmieszanie. Tolerancja i solidarność nie stanowią już wysoko cenionych wartości społecznych. Sytuacja ta jest konsekwencją dominującego znaczenia wydajności i zysku oraz nadmiernego podkreślania indywidualizmu. Również cyfryzacja niemal wszystkich obszarów życia i anonimowość jednostki w sieci przyczyniają się do złej sytuacji w tym względzie. Jednak wydaje mi się, że obecnie tendencja ta zaczęła się odwracać, a tęsknota za szacunkiem rośnie.

Chciałbym przyczynić się do wzrostu tej tendencji, ponieważ wiem z własnego wieloletniego doświadczenia w pracy psychoterapeuty i psychiatry kryminalnego, jak ogromne szkody może wyrządzić pogarda i brak szacunku. Cieszę się, że po wielu publikacjach dotyczących chorób i zła mogę w pewnym stopniu przyczynić się do tego, że szacunek znów będzie poważany. Nie są do tego potrzebne żadne wielkie środki terapeutyczne czy wyszukane teorie, ponieważ ostatecznie wszyscy wiemy i wyczuwamy, że chodzi o podstawową ludzką potrzebę. Chciałbym ci towarzyszyć, drogi czytelniku, w kształtowaniu nowej kultury szacunku. Ostatecznie sam na tym skorzystasz!

Reinhard Haller

SZACUNEK W CZASACH CHŁODU SPOŁECZNEGO

„Nie można pomóc wszystkim" – mówi człowiek małoduszny i nie pomaga nikomu.

MARIE VON EBNER-ESCHENBACH

W naszym społeczeństwie nastał osobliwy kryzys szacunku. Szerzy się chłód emocjonalny, lekceważenie, destrukcyjna krytyka, cynizm i deprecjacja. Skandalizujące relacje cieszą się popularnością, fake newsy przeżywają koniunkturę, a pisanie hejtujących postów zatruwa atmosferę w internecie. Zradykalizował się język, wyrażające współczucie określenie „ofiara" stało się wyzwiskiem „ty ofiaro". Grupy mniejszościowe są dyskryminowane, ludzie myślący inaczej – wyśmiewani, a pokrzywdzeni – pogardzani. Modne jest bycie cool, nieczułość stała się pożądaną cechą charakteru, a postawa oparta na egocentryzmie i wyrachowaniu – społecznym ideałem. Ludzie wypierają uczucia lub coraz mniej je okazują, a jeśli już tak się dzieje, robią to nie w sposób autentyczny, serdeczny, tylko ze sztuczną egzaltacją. Głębia ludzkiej emocjonalności uległa wypłaszczeniu, sfera ta została zubożona i stała się zuniformizowanym masowym towarem cyfrowym – *smiley* zamiast subtelnego uśmiechu, emotikon zamiast głębszego okazania emocji.

Człowiek jednak mimo czasów charakteryzujących się chłodem uczuciowym nie przestał być istotą, która potrzebuje miłości i pochwały. Jesteśmy spragnieni życzliwego zainteresowania, bardziej niż kiedykolwiek wcześniej tęsknimy za jego ożywczą siłą. Potrzebujemy pozytywnego wzmocnienia, by móc wykształcić w sobie silne poczucie własnej wartości, rozróżniać swoje stany uczuciowe, a także pokonywać kryzysy i trudne sytuacje. Nic się nie zmieniło w ludzkich podstawowych potrzebach emocjonalnych, w tęsknocie za zainteresowaniem i akceptacją, pierwotną potrzebą sympatii i współczucia, w lęku przed brakiem miłości i jej utratą. Człowiek potrzebuje szacunku również, a może przede wszystkim, w dzisiejszych czasach.

BRAK ZAINTERESOWANIA JEST ŹRÓDŁEM CHORÓB JEDNOSTEK I CAŁYCH SPOŁECZEŃSTW

Brak szacunku nie tylko ma związek z mniejszą wiarą we własne możliwości i obniżeniem poczucia bezpieczeństwa, ale również sprzyja problemom psychicznym, prowadzi do trudności w relacjach i wzmaga skłonność do agresji. Cała gama zaburzeń neurotycznych i psychosomatycznych, a także uzależnienia w jakiś sposób wiążą się z poczuciem braku szacunku. Powodem wielu konfliktów w związkach i rodzinach, na płaszczyźnie zawodowej czy w gospodarce i wielkiej polityce jest brak szacunku. Szczególnie różnego rodzaju zachowania agresywne i autoagresywne, od tendencji samobójczych, przez przestępstwa popełniane w obrębie związków, amok aż po terror, wynikają z problemów związanych z szacunkiem.

Zmarły w marcu 2018 roku brytyjski astrofizyk i kosmopolita Stephen Hawking ostrzegał nas, że przeżycie ludzkości zależy od tego, czy będzie ona potrafiła ocalić empatię. Wszystko inne już dziś lepiej potrafią robić – albo będą potrafiły w niedalekiej przyszłości – komputery i roboty humanoidalne. Nigdy jednak roboty nie nauczą się odczuwać emocji w stosunku do innych i nie rozwiną umiejętności wczuwania się w ich stan. Jest i będzie to umiejętność zarezerwowana tylko dla ludzi. Zadbanie o szacunek, o ile Hawking się nie mylił, wyjdzie na dobre nie tylko jednostkom, ale również całej wspólnocie ludzkiej.

Jako że przy braku szacunku ukształtowanie prawidłowego poczucia własnej wartości jest niemal niemożliwe, sięga się – w myśl psychologii jednookiego króla wśród ślepców – po strategie dewaluacyjne. Kto poniża innych lub odmawia im szacunku, robi to w nadziei, że w ten sposób postawi siebie w lepszym świetle. Dlatego w kulturze pozbawionej szacunku nie ma prawie żadnych szans na kształtowanie się życzliwych relacji między ludźmi. Nie oznacza to, że powinniśmy unikać krytyki, decydująca jest jednak jej konstruktywność. Pozytywna krytyka jak najbardziej może być wyrazem szacunku, w przeciwieństwie do destrukcyjnych komentarzy.

PODNOSZĄ SIĘ GŁOSY SPRZECIWU

Atmosfera szacunku jest warunkiem wykształcenia i zachowania zdrowego poczucia własnej wartości. I odwrotnie – tylko człowiek o stabilnym poczuciu własnej wartości może uznawać wartość swojego otoczenia. Szacunek ma dobroczynny wpływ zarówno na osobę go wyrażającą, jak i na drugiego człowieka. Przy jego braku cierpią i „ja", i „ty". Traktowanie innych z szacunkiem to sytuacja *win-win*.

Nie dziwi zatem, gdy w prywatnych rozmowach i sondażach widać rosnącą tęsknotę za pomyślnymi wiadomościami, za skupieniem się na tym, co dobre i piękne, za uznaniem i akceptacją. Ludzie mają wyraźnie dość reportaży wojennych i relacji z katastrof, skandali i fake newsów, destrukcyjnej krytyki, publicznego piętnowania i poniżania człowieka i przyrody. Pragną i potrzebują znów większego szacunku.

Aby podkreślić wagę tych powszechnych dążeń i wezwać do okazywania sobie nawzajem większego szacunku, Andrea Costa, burmistrz włoskiego miasta Luzzara, wydał w swojej gminie „zakaz obelg". Rozporządzenie

”

DZIĘKI ODPOWIEDNIEJ
DAWCE SZACUNKU
CZŁOWIEK WSPIERA
NIE TYLKO INNYCH LUDZI,
ALE PRZEDE WSZYSTKIM
SAMEGO SIEBIE.

to, którym burmistrz chciał się sprzeciwić brutalizacji języka, bezwzględnemu traktowaniu innych, politycznej legitymizacji agresji i upadkowi znaczenia szacunku, zyskało tysiące entuzjastów.

CO OFERUJE TA KSIĄŻKA

Powyższe słowa wstępu mają pokrótce pokazać, jak kontrowersyjnym tematem jest szacunek. Z jednej strony świat, w którym obecnie żyjemy, dąży do wymazania tej ważnej umiejętności społecznej. Z drugiej – musimy stanąć w obronie szacunku, ponieważ jest on istotną potrzebą emocjonalną człowieka, stanowi dużą wartość i cenny skarb ludzkości. Zajmując się w kolejnych rozdziałach dogłębniej istotą i znaczeniem szacunku, opieram się na następujących założeniach:

1. Człowiek jest istotą potrzebującą miłości i pochwały, ale równocześnie coraz mniej zdolną do traktowania innych z szacunkiem.
2. W społeczeństwie naznaczonym chłodem emocjonalnym i bezdusznym zabieganiem indywidualna potrzeba zainteresowania, czułości (w znaczeniu emocjonalnym) i czasu – słynna triada – doznaje silnej szkody.
3. Traktować innych ludzi z szacunkiem może tylko ktoś, kto ma zdrowe poczucie własnej wartości – inaczej mówiąc: uznanie i akceptacja innych osób budują nasze poczucie własnej wartości.

4. Jeśli znów zapanuje kultura szacunku, wzmocni się empatia, tak ważna w kontekście przetrwania ludzkości.
5. Kryzys szacunku w naszym społeczeństwie można pokonać jedynie wtedy, gdy każdy z nas będzie nie tylko okazywać szacunek, ale także z całą stanowczością domagać się go w stosunku do siebie.

Pojęcie szacunku obejmuje wiele wartości, które można by upowszechnić w społeczeństwie, w komunikacji i kontaktach międzyludzkich, a to z kolei mogłoby przyczynić się do większej humanizacji nastrojów społecznych – chodzi tu o poszanowanie wartości, pielęgnowanie empatii, zachowanie szacunku i godności.

Czy szacunek rzeczywiście ma taką moc?

Niektórym z was określenie „moc szacunku" może wydać się przesadne, przerysowane lub zakrawające na oklepany frazes. Wszyscy, którym przychodzą takie myśli do głowy, powinni po prostu spróbować zachowywać się w sposób pełen szacunku i przekonać się, jak to działa. Nieraz się zdziwisz – w pozytywnym sensie! Traktowanie innych z szacunkiem rzeczywiście ma wielką moc – czujemy się lepiej, gdy doświadczamy akceptacji i poważania, ale również gdy sami okazujemy zainteresowanie, pocieszamy innych lub zwyczajnie okazujemy im respekt. I odwrotnie – inni ludzie są bardziej otwarci, przyjaźni i serdeczni w stosunku do nas, gdy okazujemy im szacunek. Być może sceptycyzm wobec pojęcia „moc szacunku" wynika z naszej nieumiejętności pozytywnego reagowania na innych ludzi.

Równie zadziwiające jest, że na płaszczyźnie zawodowej tak rzadko okazuje się prawdziwe uznanie, choć udowodniono, że to zdecydowanie najważniejszy czynnik motywujący do pracy. Oparta na szacunku kultura firmy oraz indywidualnie wyrażane uznanie prowadzą do wzrostu wydajności, budując zadowolenie pracowników. Podobną sytuację można zaobserwować w przypadku tak powszechnych dziś kłopotów w związkach. Tutaj poszukuje się wszelkich możliwych uzasadnień problemów, na przykład „rozeszliśmy się, ponieważ mamy zupełnie różne charaktery", podczas gdy powodu nie trzeba szukać daleko. Jest nim utrata wzajemnego szacunku, zagubionego pośród codziennej rutyny i nieuniknionych spięć. Także w związku i w rodzinie często można wiele osiągnąć, świadomie budując przyjazną, pełną uznania i miłości atmosferę.

Kwestia szacunku dotyczy nas wszystkich

Psychologii szacunku grozi niebezpieczeństwo zaszufladkowania jako ckliwy temat, sprawa dla mięczaków, forma porady dla wrażliwców i chorych psychicznie. W rzeczywistości chodzi tu o zdumiewająco proste i oczywiste rzeczy, które jednak, o dziwo, w codziennych

”

ZADZIWIAJĄCY JEST ROZDŹWIĘK MIĘDZY OGROMNĄ TĘSKNOTĄ ZA SZACUNKIEM I CZĘSTO ZAUWAŻALNĄ NIEWIELKĄ GOTOWOŚCIĄ DO OKAZYWANIA GO INNYM.

kontaktach międzyludzkich są ignorowane i stale tracą na znaczeniu.

Pisząc tę książkę, postawiłem sobie za cel uwrażliwienie was, drodzy czytelnicy, krok po kroku na kwestię szacunku – bez mentorstwa i dydaktyzmu, bo to byłaby postawa pozbawiona szacunku.

W książce oprócz przedstawienia istoty tej coraz mniej cenionej postawy opisałem też skutki braku szacunku – od zwątpienia we własną wartość po syndrom wypalenia zawodowego, od niezadowolenia odczuwanego w miejscu pracy po akty zemsty – a także zaprzepaszczone szanse wynikające z braku uznania. Na szczególną uwagę zasługuje wzajemne oddziaływanie szacunku, jaki okazujemy innym, i poczucia własnej wartości. Zajmiemy się więc wpływem akceptującej postawy zarówno na motywowanie innych ludzi, jak i na wzmacnianie poczucia własnej wartości. Już filozof Georg Wilhelm Friedrich Hegel w *Fenomenologii ducha* stwierdził, że wszelka forma samoświadomości może wykształcić się wyłącznie w poszanowaniu innych ludzi.

Jako że człowiek potrzebuje życzliwego zainteresowania i wspierających reakcji ze strony innych, ma prawo do tej ożywczej siły. Nie bez powodu ochrona ludzkiej godności, wyrażająca się w dużej mierze poprzez szacunek, jest częścią praw podstawowych i praw człowieka. Ale tak jak w przypadku katastrofy klimatycznej nie wolno bezczynnie czekać na kolejną epokę lodowcową, tak samo musimy czynnie przeciwdziałać ochłodzeniu emocjonalnemu. Kultura szacunku może wykształcić

”

WYKSZTAŁCENIE NOWEJ KULTURY SZACUNKU BĘDZIE MOŻLIWE, GDY ZACZNIEMY ZMIENIAĆ SAMYCH SIEBIE I NASZE OTOCZENIE. MAJĄC ŚWIADOMOŚĆ WŁASNEJ WARTOŚCI, POWAŻNIE TRAKTUJĄC NASZĄ POTRZEBĘ UZNANIA I DOMAGAJĄC SIĘ SZACUNKU, WZMACNIAMY POCZUCIE WŁASNEJ WARTOŚCI I KSZTAŁTUJEMY W SOBIE POSTAWĘ POSZANOWANIA DLA INNYCH.

się tylko wtedy, gdy będziemy do niej przykładać wagę i wspierać jej rozwój. W ten sposób z pewnością przyczynimy się do propagowania w społeczeństwie prawdziwie ludzkich uczuć, takich jak empatia, sympatia i współczucie, a równocześnie wzmocnimy poczucie własnej wartości. W zubożałym emocjonalnie społeczeństwie, w którym kultura szacunku jako pierwsza ulega degradacji, te ważne wartości powinny być wprowadzane w życie i egzekwowane. Atmosfera emocjonalna znów musi się ocieplić. Ostatecznie w tej książce nie chodzi o nic innego jak szacunek wobec szacunku.

CZŁOWIEK – ISTOTA POTRZEBUJĄCA EMPATII

Uczucie może być znacznie bardziej subtelne niż rozum błyskotliwy.

VIKTOR FRANKL

Od samego początku swojego istnienia, już w łonie matki, człowiek potrzebuje życzliwego zainteresowania. Całe życie ludzka natura odczuwa pierwotną potrzebę otrzymywania wszystkiego, co obejmuje pojęcie miłości. Bez wielkiej triady potrzeb – zainteresowania, czułości i czasu – nie jest możliwy prawidłowy rozwój psychiczny człowieka. Jeśli rodzice okazują swoim dzieciom troskę i miłość, wzmacniają ich poczucie własnej wartości. Im bardziej zaopiekowane czuje się dziecko, tym większa będzie jego pewność siebie, a im bezpieczniej się czuje, tym bardziej empatyczne będą jego późniejsze reakcje emocjonalne.

Przez okazywanie zainteresowania i czułości bliskie osoby i wychowawcy dają przykład empatycznego zachowania. Doświadczenia te znalazły swój wyraz w teorii więzi oraz w teorii społecznego uczenia się od empatycznych rodziców. Obie opierają się na analizie relacji rodzic–dziecko z perspektywy emocji. Zgodnie z teorią więzi, bardzo inspirującą dla psychologii dziecięcej i psychologii rozwoju, każdy człowiek ma wrodzoną potrzebę bliskiej i głęboko emocjonalnej relacji z innymi.

Dla istoty ludzkiej pozytywny feedback, akceptacja i szacunek również w późniejszym życiu mogą mieć zasadnicze znaczenie. Gdy człowiek zostanie pozbawiony owego zainteresowania na płaszczyźnie emocjonalnej, zaczyna niemal systematycznie przechodzić kryzysy. Chwieje się jego poczucie własnej wartości i poczucie bezpieczeństwa, niknie wiara we własne siły i w innych ludzi, górę bierze rozczarowanie i zwątpienie. Pokazuje to dobitnie poniższy przykład. Zarówno w tej, jak i w pozostałych przytoczonych historiach imiona osób, których dotyczą, zostały zmienione.

KATASTROFA SPOWODOWANA PRZEZ 300 EURO

Rankiem pewnego pogodnego jesiennego dnia do mojego gabinetu wtargnął bez żadnej zapowiedzi Martin, mniej więcej pięćdziesięcioletni mężczyzna, bardzo roztrzęsiony i cały mokry. W dolinie, gdzie zalegała jeszcze mgła, chciał odebrać sobie życie – skoczył do wody, a nie potrafił pływać. Jak w scenariuszu kiczowatego filmu, w ostatniej chwili rozstąpiły się opary mgły, a wzrok głęboko zanurzonego już w rzece mężczyzny spoczął na naszym stojącym w połowie zbocza szpitalu, skąpanym w promieniach porannego słońca. Nim ze sobą skończy, postanowił pójść tam w nadziei znalezienia wyjścia z sytuacji.

Martin nie był alkoholikiem, nie był uzależniony od narkotyków ani hazardu, nie cierpiał również na żadne schorzenie psychiczne ani na syndrom wypalenia zawodowego czy stany lękowe. Fizycznie był zdrowy jak ryba, nigdy wcześniej nie zmagał się też z problemami psychicznymi. Jego związek sprawnie funkcjonował, dzieci nie przysparzały problemów. Był dobrze sytuowany, miał ciekawą i stabilną pracą i bez obaw spoglądał w przyszłość. W jego życiu pojawił się tylko jeden jedyny problem. Na Nowy Rok w jego firmie zasłużeni pracownicy otrzymywali premię w wysokości 300 euro. On jednak jej nie dostał. I to bez uzasadnienia. Nie potrzebował tych pieniędzy, ta nagroda była drobnostką, nad którą nikt się nie zastanawiał ani o niej nie mówił. Martin jednak zaczął roztrząsać sprawę. Zastanawiał się: dlaczego inni dostali, a ja nie? Czy kierownictwo nie jest ze mnie zadowolone? Czy nie jestem lubiany? Czy to nie jest wyjątkowa niesprawiedliwość? Chciał zażądać wyjaśnień od przełożonych, obwieścić wszystkim swoje rozczarowanie, wykrzyczeć, że zrobiono mu „świństwo". Ale nie zdobył się na odwagę, przecież to była błahostka, to żenujące nie umieć poradzić sobie z czymś takim i robić z tego sprawę.

Martin nie opowiedział nikomu o swoim frustrującym przeżyciu, nawet żonie, zachował to upokorzenie dla siebie. Zaczął wątpić w świat i w siebie samego, nie był w stanie uwolnić się od przytłaczających myśli. Wkrótce nie mógł już spać, stał się melancholijny i smutny. Stracił chęć do życia i ogarnęło go obezwładniające przygnębienie, które najpierw zagnało go w odmęty rzeki, a ostatecznie do mojego gabinetu.

Historia ta zawiera wiele elementów, których powodem może być brak szacunku: lęk przed utratą miłości, naruszenie poczucia sprawiedliwości, poczucie braku akceptacji oraz katastrofalne skutki spowodowane pozorną drobnostką. Szczególnie upokarzające dla Martina było to, że niczego mu nie wyjaśniono i nikt nie zauważył, że on poczuł się dotknięty. A ponieważ nikomu nie zwierzył się ze swoich uczuć, w jego wnętrzu rozegrał się dramat, który pozostał tajemnicą pacjenta i terapeuty. Z tego względu opis tego dobitnego przykładu skutków niedocenienia i siły upokorzenia mógł tylko za pozwoleniem pacjenta w ogóle znaleźć się w książce. Dziś, po skutecznej terapii, Martin znów czuje się bardzo dobrze. Jego historia pokazuje jednak, jakie zagrażające życiu procesy mogą w niezauważalny dla otoczenia sposób zachodzić w psychice, ukryte za fasadą szczęśliwego życia.

Po jakie środki możemy sięgnąć, gdy chcemy zachowywać się w sposób wyrażający szacunek?

NASZE PODSTAWOWE WYPOSAŻENIE EMOCJONALNE

Człowiek jest istotą nie tylko myślącą i działającą, racjonalną i potrafiącą mówić, agresywną i umiejącą się bawić, komunikatywną i transcendentalną, ale także przede wszystkim emocjonalną i empatyczną.

Przez całe życie potrzebujemy miłości i możliwości kochania, co oznacza, że nie tylko chcemy doświadczać zainteresowania i akceptacji, ale także dawać je innym. Aby zaspokoić te typowo ludzkie potrzeby i pogodzić czynną i bierną emocjonalność, musimy się wsłuchać w siebie i umieć wczuć się w innych. Podstawowym warunkiem odczuwania empatii jest empatia wobec siebie samego, ponieważ ocena wewnętrznego świata innych ludzi zależy od naszych własnych uczuć, poglądów i wartości.

Empatia obejmuje również ogólną umiejętność dostrzegania życia wewnętrznego innych osób. Dopiero to pozwala rozpoznać i zrozumieć myślenie, odczuwanie, motywację oraz charaktery innych ludzi oraz empatycznie na nie reagować. Zgodnie z definicją niemieckiej psycholog Leny Funk[1] empatia oznacza „niewartościujące i prawdziwe wczucie się w innych ludzi oraz zrozumienie ich bez względu na ich pochodzenie czy światopogląd". Empatia uwrażliwia nas na stan uczuciowy innych, dzięki czemu możemy choć trochę wczuć się w ich przemyślenia i potrzeby. Im bardziej zniuansowany i im głębszy jest ten proces, tym bardziej empatyczny jest człowiek. Wymiana uczuć między ludźmi

”

UMIEJĘTNOŚĆ
WCZUWANIA SIĘ W INNYCH,
ROZPOZNAWANIA ICH
UCZUĆ I MYŚLI ORAZ
ROZUMIENIA ICH POTRZEB
I MOTYWÓW DZIAŁANIA,
CZYLI EMPATIA, ODRÓŻNIA
CZŁOWIEKA OD INNYCH
STWORZEŃ I OD MASZYN.

zakłada umiejętność wejścia z skórę drugiej osoby, co prowadzi do sytuacji „czuję tak, jak ty się czujesz".

Pojęcie empatii, które pochodzi od greckiego słowa „namiętność" lub „intensywne poruszenie uczuciowe", po raz pierwszy pojawiło się w filozofii u niemieckiego myśliciela Rudolpha Hermanna Lotzego. Później określenie to było używane w znaczeniu „wczuwanie się w innych jako proces wewnątrzpsychiczny".

Szczególnie ciekawa interpretacja pojęcia empatii pochodzi od brytyjskiej pisarki Violet Paget, zafascynowanej zjawiskiem identyfikacji oraz fenomenem obsesji. Co znamienne, publikowała ona swoją literaturę fantastyczną pod pseudonimem Vernon Lee. Wyobrażając sobie, że osobowość może kształtować się pod wpływem tożsamości zmarłych osób, Paget opisywała empatię jako „projekcje naszej energii, działań i uczuć".

Dzisiejsze znaczenie pojęcia „empatia" zawdzięczamy przede wszystkim Sigmundowi Freudowi, który wczuwanie się w innych ludzi definiował jako możliwość rozpoznania wszystkiego, co jest obce dla naszego ja. Jak wiemy z psychologii dziecięcej, człowiek dopiero między piątym a dziewiątym rokiem życia jest zdolny do przyjmowania innej perspektywy niż własna, a tym samym do bycia empatycznym.

Prawdziwy rozkwit koncepcja empatii przeżyła dzięki amerykańskiemu psychologowi i psychoterapeucie Carlowi Rogersowi, głównemu przedstawicielowi psychologii humanistycznej. W opracowanej przez niego psychoterapii zorientowanej na klienta empatia – obok bezwarunkowego szacunku i autentyczności

”

RÓŻNI ARTYŚCI ZAJMOWALI SIĘ TEMATEM EMPATII JAKO MOŻLIWOŚCI OPISANIA ZNACZENIA OBIEKTÓW ESTETYCZNYCH.

zachowania – jest uznawana za ważny element wszystkich procesów terapeutycznych. Terapeuta powinien empatycznie rozumieć sposób przeżywania i problemy swojego klienta, wczuwając się w jego punkt widzenia, oraz przekazywać mu swoje wrażenia w autentycznej formie. Dzięki temu człowiek szukający pomocy może potraktować samego siebie w sposób pełen szacunku i pracować nad wzmocnieniem swojej osobowości.

Warunkiem empatycznego zachowania, a zgadzają się w tym względzie wszystkie kierunki psychoterapeutyczne, jest autopercepcja. Bez rozumienia własnych emocji nie możemy odczuwać emocji innych ludzi. Im lepiej potrafimy rozpoznać własne uczucia i procesy wewnętrzne, tym wrażliwsi będziemy na odczucia, emocje i myśli innych.

Psychologia humanistyczna

Humanizm to nurt psychologiczny uznający, że człowiek dzięki nauce i rozwojowi może stawać się coraz lepszy. Psychologia humanistyczna, a szczególnie opracowana przez Carla Rogersa psychoterapia zorientowana na klienta, opiera się na tym fundamentalnym założeniu. Według Rogersa człowiek jest zdolny do zrozumienia samego siebie i wykształcenia sobie obrazu własnej osoby. Tę autokoncepcję może jednak wciąż zmieniać i udoskonalać. Staje się to konieczne przede wszystkim wtedy, gdy koncepcja owa zostanie podważona przez nagłe zdarzenia (na przykład utratę pracy, śmierć bliskiej osoby) lub zewnętrzne procesy przemian (starzenie się, zmiany społeczne). W takich sytuacjach zdolność człowieka do przemiany ma uzdrawiający charakter. Na takim założeniu bazuje psychologia humanistyczna i oparte na niej formy terapii. Są one pomocne w aktywowaniu i wykorzystywaniu naszej psychicznej zdolności do samoleczenia.

Najpóźniej od momentu, gdy były amerykański prezydent Barack Obama w 2006 roku w swoim przemówieniu na Uniwersytecie Northwestern w Chicago poruszył kwestię „deficytu empatii dzisiejszego społeczeństwa", problem ten jest traktowany poważnie i zyskał trwałe miejsce nie tylko w psychoterapii i pedagogice. Dziś trudno sobie wyobrazić psychologiczne, teologiczne i polityczne publikacje i przemówienia nieuwzględniające pojęcia empatii. Empatia stała się również ważna w marketingu i zarządzaniu w odniesieniu do klientów i pracowników.

WSPÓŁCZUCIE – SZCZEGÓLNY RODZAJ EMPATII

Chociaż pojęć „empatia" i „współczucie" używa się nieraz wymiennie, nie są one dokładnie tym samym, mimo że empatia przez swoje pozytywne nacechowanie jest do współczucia bardzo podobna. Podczas gdy współczucie odnosi się do smutnego losu, przytłaczających sytuacji i przygnębiających emocji, bardziej neutralne, nadrzędne pojęcie empatii dotyczy wszystkich rodzajów emocjonalności, więc także radości i euforii czy złości i zazdrości. Współczucie wyraża przede wszystkim troskę, zainteresowanie i zmartwienie, stanowi więc empatyczną reakcję na daną sytuację, empatia natomiast umożliwia nam współodczuwanie radości czy rozumienie czyjejś złości.

Warto zaznaczyć, że współczucie, mające ogromne znaczenie w kontekście moralności i etyki we wszystkich religiach, jest bardzo różnie oceniane. Niekiedy traktuje się je jako uczucie neutralne pod względem etycznym, czasem jest postrzegane jako czyste „zarażenie się emocjami", kiedy indziej stanowi podstawę moralności lub jest jedyną formą miłości. Czasem bywa też postrzegane bardzo krytycznie, szczególnie przez niektóre kierunki filozoficzne.

Na przykład filozofia stoicka, dystansując się od wszelkich emocji (okazywania uczuć), odrzuca również współczucie, ponieważ uważa, że do każdego nieszczęścia, czy to własnego, czy cudzego, należy podchodzić obojętnie. Za to średniowieczni filozofowie chrześcijańscy postrzegali współczucie jako kluczowy warunek miłosierdzia i główną składową miłości bliźniego. Inni filozofowie z kolei oceniają współczucie negatywnie, jako rodzaj głębokiego smutku. Arthur Schopenhauer, uchodzący za wielkiego teoretyka współczucia, był bardzo bliski psychologicznego rozumienia współczucia, interpretując je jako pierwotne ludzkie uczucie. Ponieważ współczucie jest przeciwieństwem egoizmu i umożliwia identyfikowanie się ze wszystkimi istotami potrafiącymi znosić cierpienie, stanowi ono odpowiedni fundament dla moralności. Notabene przemyślenia Schopenhauera znalazły swoje miejsce w etyce zwierząt i w pewnym sensie stały się teoretyczną podstawą ochrony zwierząt czy traktowania wszelkich istot żywych z szacunkiem.

Najbardziej znanym wrogiem współczucia jest chyba Friedrich Nietzsche, który określał je jako „potrzebę nieszczęśliwych". Jego zdaniem ludzie współczujący chcą zatuszować własne słabości i przez manifestację własnego cierpienia zdobyć władzę nad innymi.

W kontekście szacunku pojęcie współczucia staje się bardzo ważne. Nie jest ono traktowane neutralnie ani tym bardziej negatywnie, tylko rozumiane jako empatia i – w dosłownym tego słowa znaczeniu – współcierpienie, czyli jako uczucie prawdziwie ludzkie. Do tak rozumianego współczucia odnoszą się słowa doktora Kościoła Świętego Augustyna: „Czym innym jest współczucie, jak nie współodczuwaniem w naszym sercu cudzej niedoli, które popycha nas do pomocy na tyle, na ile potrafimy?".

Nawiasem mówiąc, empatii nie możemy stawiać na równi z sympatią. Ta druga, jak sama jej nazwa wskazuje („sym-" oznacza „razem"), wymaga jednakowości odczuwania i przeżywania, a także nastawienia i oceny. Empatia jest pod tym względem neutralna, nie zakłada z góry przeniesienia własnych pozytywnych oczekiwań i uczuć na drugą osobę.

”

WIELE TĘGICH
GŁÓW ROZMYŚLAŁO
O WSPÓŁCZUCIU.
W KONTEKŚCIE SZACUNKU
TRZEBA JE POSTRZEGAĆ
JAKO WYJĄTKOWĄ
I SZCZEGÓLNIE WAŻNĄ
FORMĘ EMPATII.

WCZUWANIE SIĘ W EMOCJE, MYŚLENIE I SPOSÓB ŻYCIA INNYCH – KONCEPCJE EMPATII

W nauce empatia jest intepretowana nie jako emocja we właściwym tego słowa znaczeniu, lecz jako reakcja na dostrzegane przez nas uczucia innych ludzi. Zasadniczo w badaniach uznanie zdobyły różne koncepcje, które w pewnym sensie stoją w opozycji do siebie. Jednak istota ich wszystkich – z których poniżej przytoczę trzy – opiera się na szacunku.

1. **Empatia emocjonalna** lub wrażliwość emocjonalna odnosi się do współczucia, do zdolności odczuwania w taki sam sposób jak druga osoba. Niektórzy badacze określają tę formę empatii, szczególnie ważną w pedagogice i psychoterapii, jako autentyczną empatię.
2. **Empatia poznawcza** skupia się na myślach, motywach działania i opiniach innych ludzi. Dotyczy umiejętności wczuwania się w świat idei i perspektywę umysłową drugiej osoby. Z tego względu jest wykorzystywana przede wszystkim w reklamie i technikach negocjacyjnych, w szkoleniach pracowniczych i w zarządzaniu. Na podstawie badań nad empatią poznawczą opracowano model równowagi tożsamości, który ma znaczenie między innymi w psychologii kierowania ludźmi. Z jej pomocą powinno być możliwe odnalezienie równowagi między własną

tożsamością a tożsamością innych jednostek. Komunikacja jest udana wtedy, gdy uwzględniane są potrzeby innych, ale przy równoczesnym wyjściu naprzeciw własnym potrzebom. By to osiągnąć, konieczna jest empatia.

3. **Empatia społeczna** ma z kolei umożliwić zrozumienie wartości i natury ludzi różnych kultur, by zagwarantować tolerancyjną i konstruktywną koegzystencję. Gdy dziś, w dobie wielkich ruchów migracyjnych, narzeka się na brak empatii ze strony polityków, chodzi właśnie o ten wymiar umiejętności społecznych.

Ponieważ empatia jest czymś więcej niż emocją i jako bardzo złożone i wielowarstwowe zjawisko nie daje się wyczerpująco opisać, uzasadnione rozgraniczenie jej rodzajów na polu naukowym nie jest możliwe na płaszczyźnie psychicznej w rzeczywistym życiu. Granice między empatią emocjonalną, poznawczą i społeczną są płynne, a ich obszary się zazębiają. Prawdziwa empatia łączy w sobie wszystkie trzy aspekty, przy czym dla pojęcia szacunku empatia emocjonalna jest najważniejsza.

Czy empatia ma odzwierciedlenie w genach i w mózgu?

W nauce dopiero wyniki badań genetycznych i badań nad mózgiem przyczyniły się do przełomu w studiowaniu zjawiska empatii. Dzięki badaniom nad mózgiem zidentyfikowano kilka obszarów odpowiedzialnych za umiejętność wczuwania się w emocje innych. Położone w obrębie kresomózgowia tak zwane pole Brodmanna 44 jest decydujące dla empatii emocjonalnej, a pola 10 i 11 – dla empatii poznawczej. Na empatię ma również wpływ różnego rodzaju aktywność kory czołowej i odpowiedzialnego za emocje jądra migdałowatego.

Najbardziej popularne stały się badania dotyczące neuronów lustrzanych, czyli wysoko wyspecjalizowanych komórek mózgowych, które dostarczają nam informacji o tym, co czują inni. Z tymi badaniami zgadzają się wyniki funkcjonalnego rezonansu magnetycznego, dzięki któremu udowodniono, że wczuwanie się w stany innych osób wywołuje w mózgu takie same reakcje co percepcja własnych uczuć. Już samo przyglądanie się twarzy wyrażającej cierpienie aktywuje te same obszary mózgu co przy odczuwaniu własnego cierpienia.

Niedawno amerykańscy i chińscy naukowcy udowodnili wpływ genu odpowiedzialnego za produkcję oksytocyny, tak zwanego hormonu przytulania, na empatyczne zachowanie. Do wyrzutu tego hormonu dochodzi między innymi podczas porodu, odpowiada on także za bliską relację między matką i dzieckiem. Wyjaśnia to także różnicę między płciami, zgodnie z którą kobiety są bardziej empatyczne niż mężczyźni.

Czy empatię da się zmierzyć?

Naukowcy próbowali ustalać rodzaj i intensywność empatii poprzez zastosowanie narzędzi czy metod pomiarowych opartych na testach psychologicznych. Chociaż tego rodzaju badania dostarczają informacji tylko o niektórych aspektach w zasadzie niemierzalnej empatii, dały jednak ciekawe wyniki dotyczące pewnych szczegółów. Dzięki nim potwierdzono, że empatia pozytywnie koreluje z poziomem inteligencji, możliwościami poznawczymi, umiejętnościami retorycznymi i stabilnością emocjonalną – im lepiej ukształtowana jedna z tych cech, tym większa zdolność empatii. Ludzie empatyczni w wielu obszarach są inteligentniejsi i bardziej zrównoważeni pod względem nastroju i zachowania niż osoby nieczułe, co wskazuje na znaczenie opanowania w kontekście szacunku.

I odwrotnie – zgodnie z przytoczonymi wynikami badań brak empatii często wiąże się z nietolerancją, uprzedzeniami i tworzeniem stereotypów. Deficyty empatii stwierdzono u osób zachowujących się agresywnie oraz u ludzi wykazujących antyspołeczne zaburzenia osobowości. Co ciekawe, sadystycznym przestępcom seksualnym nie brak empatii poznawczej, natomiast nie umieją oni wczuwać się emocjonalnie w innych ludzi. To tłumaczy okrucieństwo z pozoru pozbawionego uczuć sadysty, który doskonale wyczuwa, w jaki sposób może zadać szczególne cierpienie swojej ofierze i najbardziej ją poniżyć. Dobitnie obrazuje to poniższa historia przypadku mordercy.

MAKSYMALNY BÓL

Czterdziestosiedmioletni pracownik biurowy, nazwijmy go Fridolin, kilkakrotnie rozwiedziony i ostatecznie żyjący samotnie, znalazł przez internet wielką miłość i wkrótce zamieszkał ze swoją nową towarzyszką życia i jej pięciorgiem dzieci. Po dwóch latach w związku pojawił się kryzys i kobieta rozstała się ze swoim partnerem, który musiał opuścić ich wspólne miejsce zamieszkania. Wszystkie jego starania, by odzyskać partnerkę, spełzły na niczym. Nie osiągnął skutku ani prośbami, ani błaganiem, ani pogróżkami. Został oskarżony o stalking i skazany na wyrok warunkowy (tak nazywany w Austrii, co w przybliżeniu odpowiada wyrokowi w zawieszeniu w Polsce). Pewnego popołudnia Fridolin zaczaił się na szesnastoletnią córkę swojej byłej towarzyszki życia, zwabił dziewczynę do samochodu i pojechał z nią do kamieniołomu, gdzie ją zabił. Zapytany o motyw swojego postępowania, odpowiedział zupełnie niewzruszony: „To było jej ukochane dziecko, w ten sposób mogłem jej zadać największy ból".

Można jednoznacznie wykazać, że różne zaburzenia psychiczne wiążą się z niedoborem empatii lub jej utratą. W przypadku psychopatycznych zaburzeń osobowości, tak samo jak w chorobliwym narcyzmie (patrz strony 46–47 i 176–186), występują deficyty empatii. Zachowania przestępcze wynikają często z braku empatii, a prawie wszystkim rodzajom przestępstw sprzyja niski poziom empatii u sprawcy.

Wiele prac naukowych potwierdza również znaczenie empatii dla dobrych kontaktów międzyludzkich. Chłód emocjonalny naszego społeczeństwa, na który narzekałem na początku tej książki, wynika z potwierdzonego także empirycznie zaniku empatii, przede wszystkim u młodszego pokolenia. Zgodnie z badaniami psycholożki Sary Konrath[2] z Uniwersytetu Michigan w ciągu trzydziestu lat poziom empatii spadł o 40 procent. Autorka upatruje w tej zmianie skutku rewolucji cyfrowej i tłumaczy ją wyraźną zmianą celów i wartości, liberalizmem gospodarczym i odrzuceniem państwa socjalnego. Ponieważ młode pokolenie dorastało wśród brutalnych gier komputerowych i w ostrej atmosferze konkurencji programów typu reality show, zobojętniało na uczucia innych ludzi. „Pokolenie ja" (ang. *me generation*) stało się „skoncentrowane na sobie, narcystyczne, rywalizujące i indywidualistyczne". Jak stwierdza autorka w pełnym rezygnacji podsumowaniu, rosnącemu szacunkowi wobec samego siebie towarzyszy dewaluacja innych ludzi.

SPOŁECZEŃSTWO GŁODNE EMOCJI

Podczas gdy nasza dusza jest pełna uczuć,
nasza mowa jest pełna użyteczności.

LUC DE CLAPIERS,
MARKIZ DE VAUVENARGUES

Każdy człowiek potrzebuje szacunku i jest zależny od zainteresowania i pozytywnych emocji ze strony innych. Jakiego rodzaju i w jakiej ilości je dostanie, zależy od jego bliskich, środowiska, w którym dorasta, i przebiegu historii życia, ale także od ogólnej atmosfery społecznej. Podejście do emocjonalności zależy od hierarchii wartości w kulturze, polityce i społeczeństwie oraz od ich znaczenia dla ducha czasów. Ważne jest, jak dana kultura społeczna odnosi się do życia emocjonalnego, jak postrzegane są relacje między rzeczywistością a emocjonalnością oraz jaką wartość mają indywidualne uczucia i ogólnie wyrażanie uczuć. Czy „modne" jest okazywanie emocji, a jeśli tak, to w jaki sposób? Czy mężczyzna może płakać, czy nie powinien w żaden sposób okazywać cierpienia? Czy afekty u kobiet są dostatecznie poważnie traktowane, czy z założenia ignorowane jako „histeryczne"? Czy uczucia są sprawą czysto prywatną i z tego względu każdy powinien zachowywać je tylko dla siebie? Czy udawanie jak najbardziej niewzruszonego i zdystansowanego w komunikacji między ludźmi jest cool, czy można okazywać swoją wrażliwość? Jakie znaczenie mają uczucia w wychowaniu i jak rozumiana jest inteligencja emocjonalna?

Wszystkie te sprawy wiążą się ze zjawiskiem, które można by nazwać „emocjonalnością społeczną".

W dzisiejszych czasach coś w tym obszarze szwankuje, przynajmniej w kwestii szacunku. Przykładowo podczas dyskusji na temat przełomów i wyzwań społecznych, rewolucji za sprawą cyfryzacji i globalizacji, na temat reorganizacji świata i niedającego się przewidzieć rozwoju najczęściej brakuje jakichkolwiek przemyśleń dotyczących płaszczyzny uczuć. Co ciekawe, każdy obszar, który prywatnie jest ważniejszy niż rozum i stanowi sedno ludzkiego istnienia, jest w dużym stopniu przemilczany lub spychany na margines dyskusji. W coraz bardziej racjonalnie funkcjonującym świecie, nastawionym na postęp, wydajność i zysk, mało wagi przywiązuje się do pierwotnej psychicznej potrzeby życzliwego zainteresowania, a umiejętności emocjonalne nikną w oczach.

”

CHOĆ WIĘKSZOŚĆ LUDZI PODKREŚLA SWOJĄ TĘSKNOTĘ ZA MIŁOŚCIĄ I CHCE PRZEDE WSZYSTKIM BYĆ W ŻYCIU SZCZĘŚLIWA, TO EMOCJONALNOŚĆ, CZYLI WEWNĘTRZNA OSTOJA TYCH WARTOŚCI, TRACI UZNANIE I ZNACZENIE.

Jako że pozytywne uczucia, takie jak sympatia, współczucie czy empatia, są warunkami uznania i akceptacji, obecne trendy nieuchronnie prowadzą do kryzysu szacunku. Społeczeństwo wydaje się ubożeć pod względem emocjonalnym. Wszystko wskazuje na to, że za te tendencje, które można ściśle powiązać z rozwojem zaawansowanych technologii i cyfryzacją albo ewentualnie postrzegać je jako ich skutek uboczny, odpowiada siedem głównych przyczyn, które omówię w tym rozdziale.

ŻYCIE W EPOCE NARCYZMU

Biorąc pod uwagę ducha współczesnych czasów, należałoby zacząć od potwierdzonego badaniami naukowymi dążenia do przesadnej samorealizacji, autopromocji i samouwielbienia kosztem innych. Epokę, w której żyjemy, można z tego względu słusznie nazwać „narcystyczną". Wzrost i błyskawiczne rozprzestrzenianie się narcyzmu to jedna z głównych przyczyn społecznego upadku szacunku w XXI wieku.

Narcyzm

Pojęcie to wywodzi się od postaci z greckiej mitologii. Piękny młodzieniec Narcyz bezwzględnie odtrącał wszystkich wielbicieli i wielbicielki, za co został ukarany

przez boginię Artemis nienasyconą miłością do siebie samego. Gdy Narcyz spojrzał w taflę jeziora, zakochał się bez pamięci we własnym odbiciu.
W psychologii pojęcie „narcyzm" określa z jednej strony konieczny etap w rozwoju dziecka i zdrową miłość własnej osoby, z drugiej zaś zaburzenie osobowości charakteryzujące się przesadnym egocentryzmem.

Oczywiście już dawniej znane były narcystyczne zachowania. Jednak do ich „demokratyzacji", czyli ugruntowania się narcystycznej postawy w dużej części społeczeństwa, doszło wraz z rewolucją cyfrową na przełomie XX i XXI wieku. Cyfryzacja oferuje ludziom nowe możliwości szybszej sprzedaży, szybszego zdobywania informacji, pozowania przed całym światem... Czujemy się ważniejsi. Również postęp techniczny na innych płaszczyznach, zwłaszcza w medycynie, wspiera ten trend. Mamy dziś wszelkie powody, by bardziej się cenić.

Warto wspomnieć, że praojciec wszystkich chorych psychicznie, Sigmund Freud, w 1913 roku w swoim słynnym wykładzie *W kwestii wprowadzenia narcyzmu* (*Zur Einführung des Narzissmus*) uznał narcyzm za zaburzenie psychiczne. Znalazł się on potem jako „narcystyczne zaburzenie osobowości" w wielkim indeksie diagnostycznym chorób psychicznych. Dziś natomiast narcyzm nie jest postrzegany jako zaburzenie, lecz raczej społecznie uznawany ideał, do którego dąży wielu ludzi.

”

W CENTRUM ZAINTERESOWANIA ZNALAZŁA SIĘ „SPÓŁKA EGO”. „JA, MNIE, O MNIE” STAŁO SIĘ DLA WIELU DEWIZĄ ŻYCIOWĄ.

Jak bardzo duch narcystyczny przesiąknął społeczeństwo, widać po manii robienia sobie selfie, nałogowym rozpowszechnianiu własnego wizerunku w sieci, masochistycznej autopromocji w licznych talent show, po kryzysach gospodarczych i bankowych spowodowanych tworzeniem narcystycznych pseudowartości, po rosnącej konsumpcji narcystycznych narkotyków, takich jak ecstasy czy kokaina, i po pozbawionym szacunku obchodzeniu się z przyrodą. Również badania naukowe, w których analizuje się opinie i cele życiowe społeczeństwa, potwierdzają triumf narcyzmu.

Papież Franciszek mówi wręcz o „teologicznym narcyzmie". Już przy okazji swojego wyboru w 2013 roku stwierdził krytycznie: „Zło, które z biegiem lat pojawiało się w instytucjach kościelnych, ma swoje korzenie w egocentryzmie. Chodzi o ducha teologicznego narcyzmu".

CYFRYZACJA EMOCJI

Kolejną przyczyną upadku szacunku jest cyfryzacja komunikacji. Przy imponujących możliwościach sieci i wymiany informacji aspekt emocjonalny schodzi na dalszy plan. Chociaż emotikony są coraz bardziej urozmaicone i różnorodne, nigdy nie będą w stanie zastąpić prawdziwych emocji i wymiany uczuć między ludźmi. Nawet najlepsze programy nie zaoferują całościowego spojrzenia na człowieka z jego indywidualnymi cechami osobowości, charakterystycznym sposobem wyrażania się i zróżnicowaniem emocjonalnym. A to właśnie jest warunkiem opartego na szacunku spotkania z drugim człowiekiem. Komputery i roboty mogą przejąć wiele funkcji i przewyższyć ludzki oryginał w coraz liczniejszych obszarach. Ich wydajność jest nieskończenie większa, ich tempo pracy znacznie szybsze, ich zasób wiedzy i pamięci nieograniczony. Niedługo dzięki sztucznej inteligencji zdobędą również te umiejętności intelektualne, które dotychczas były zarezerwowane dla człowieka.

Nigdy jednak komputer czy nawet humanoidalny robot nie będzie zdolny do odczuwania prawdziwych emocji, sympatii, współczucia i szacunku. Nawet jeśli duńskiemu architektowi Bjarke Ingelsowi, mistrzowi architektury hedonistycznej, udaje się budować uśmiechnięte domy, nie zastąpi to prawdziwych emocji. Lajki, bez względu na ich liczbę, nie są w stanie wywołać takiego samego zadowolenia emocjonalnego jak ciepły uśmiech czy płynąca z serca pochwała. Gdy będziemy chcieli poddać cyfryzacji również nasze emocje, staniemy się analfabetami w wyrażaniu uczuć.

ŻĄDZA SKANDALI I PONIŻANIA

W mediach społecznościowych i poza nimi ostrzega się dziś często przed szkodliwą modą na skandale, przed deprecjacją i poniżaniem. Dla świata mediów „złe newsy" zawsze były ważne, ale nowe media narzucają je z niespotykaną wcześniej natarczywością i zaspokajają

”

PRZEKAZYWANIE EMOCJI
JEST MOŻLIWE JEDYNIE
PODCZAS KONTAKTU
TWARZĄ W TWARZ
I NIGDY NIE ZASTĄPI TEGO
SZTUCZNA INTELIGENCJA.

żądzę skandali i poniżania, stosując wszelkie możliwe chwyty. Pragnienie oglądania relacji z katastrof wydaje się nie do zaspokojenia. Na forach internetowych i czatach w pełni uwidacznia się głód dyskredytowania i poniżania innych w nienawistny sposób. Wyrażana werbalnie złośliwość zamiast czynnej agresji, anonimowa obłuda zamiast otwartej wrogości. Czasem przynosi to tragiczne skutki.

BRZEMIENNE W SKUTKI ZDJĘCIE

Kanadyjska uczennica Amanda odebrała sobie życie w wieku szesnastu lat. Na czacie nieznany jej rozmówca namówił ją do przesłania mu zdjęcia ukazującego jej obnażone piersi. Tym nagim zdjęciem nieznajomy szantażował ją, umieścił je w internecie i wysłał uczniom z jej klasy. Ci z kolei rozpoczęli nagonkę na Amandę i terroryzowali ją dzień i noc przez media wirtualne i telefon. W rozpaczy Amanda sięgnęła po alkohol i narkotyki, zażywała bezskutecznie leki antydepresyjne, wielokrotnie sama się okaleczała i kilka razy zmieniała szkołę. Gdy cybermobbing się nie kończył, doszło do dramatu.

Na kilka tygodni przed śmiercią Amanda opublikowała film, w którym relacjonowała swój dramat na napisanych odręcznie kartkach – na ostatniej z nich była namalowana smutna twarz. „Co noc płakałam i straciłam wszystkich przyjaciół... Nigdy nie będę mogła wycofać tego zdjęcia. Już zawsze będzie gdzieś tam na zewnątrz..." – tak brzmiało jej wołanie o pomoc.

Historyczka Ute Frevert wykazała, że upokarzanie i poniżanie wciąż są stosowane w wychowywaniu dzieci, prawie karnym i polityce. Również we współczesnych czasach „pręgierz" nie został zlikwidowany, lecz wynaleziony na nowo poprzez możliwości, jakie daje internet. Dziś jednak poniża i upokarza nie władza, lecz całe społeczeństwo. Ludzie wykorzystują w pełni możliwości internetu, by ośmieszać i kompromitować innych na niespotykaną dotąd skalę, bez konieczności ujawniania przy tym własnej tożsamości.

Nowa przestrzeń, jaka otwiera się dla poniżania i upokarzania za sprawą internetu, w najbardziej dramatycznej postaci uwidacznia się jako cybermobbing. Ta forma oczerniania, kompromitacji, upodlania i przymuszania jest rozpowszechniona szczególnie wśród młodzieży i młodych dorosłych. Zgodnie z różnymi reprezentatywnymi badaniami co trzeci użytkownik internetu padł przynajmniej raz ofiarą mobbingu internetowego, a co jeszcze bardziej przerażające, co piąty z nich mógłby sobie wyobrazić, że działa jako tak zwany bully. Spośród pytanych uczniów i uczennic niemal 50 procent przyznaje wręcz, że już kiedyś mobbowało inne osoby w sieci.

Cybermobbing i cyberstalking korzystają z efektu utraty zahamowań w przestrzeni online, spowodowanej przez anonimowość i niewidzialność sprawcy, wyeliminowanie kontroli społecznej, ale przede wszystkim przez brak emocjonalnego feedbacku. Sprawca nie musi narażać się na emocjonalną komunikację twarzą w twarz, nie musi patrzeć ofierze w oczy.

ZANIK EMOCJONALNOŚCI I EMPATII JEST WARUNKIEM WSZELKIEGO OKRUCIEŃSTWA. JUŻ NA DŁUGO PRZED ERĄ INTERNETU FILOZOF HANS-GEORG GADAMER POWIEDZIAŁ: „SPOJRZEĆ CZŁOWIEKOWI W OCZY ZNACZY TYLE, CO NIE MÓC GO ZABIĆ”.

Z psychologicznego punktu widzenia za żądzą skandali i skłonnością do poniżania innych kryje się przypuszczalnie kilka mechanizmów. Jednym z nich jest pragnienie sensacji, dzięki któremu ludzie próbują zwalczać nudę i wewnętrzną pustkę, a także przełamywać własne zobojętnienie emocjonalne. Negatywne i budzące lęk wiadomości wydają się lepiej służyć temu celowi niż harmonijne i pozytywne relacje. Niepowodzenia i (przypisywana) wina innych osób relatywizują ponadto własną niepewność i poczucie niższości. Tak oto nikczemność świata potwierdza moralną wyższość własnego stanowiska i przyzwoitość własnego postępowania.

Ludzka tęsknota za życzliwym zainteresowaniem emocjonalnym niewątpliwie nie może być zaspokojona przez internet. Zostało to notabene potwierdzone badaniami nad rosnącym sceptycyzmem wobec internetu. Reprezentatywne badania dotyczące pokolenia internetu, czyli osób, które w momencie przeprowadzania sondażu miały między czternaście a dwadzieścia cztery lata, ujawniły rosnący brak zaufania wobec sieci[3]. 38 procent pytanych młodych ludzi uzasadniło swoją postawę w mediach społecznościowych „kulturą znieważania". Dwie trzecie, łącznie 1730 respondentów, postrzegało internet jako przestrzeń, w której wszystkie wypowiadające się osoby muszą liczyć się z obrażaniem i znieważaniem.

RADYKALIZACJA JĘZYKA

Jak wykazali językoznawcy, w dyskusji społecznej narzeka się na rosnącą radykalizację języka. Po części może to się wiązać z opisaną wcześniej cyfrową kulturą znieważania. W zalewie informacji ludzie próbują jednak również zyskać posłuch przez radykalny sposób wyrażania się i dzięki mocnym stwierdzeniom wywołać u innych choć trochę emocji. Pedagodzy narzekają na język nienawiści, lekceważenie i dyskryminację na szkolnych podwórkach. Podobnie w dyskusjach medialnych i politycznych można zauważyć dobór słownictwa pozbawionego szacunku dla innych, co w znacznym stopniu warunkuje atmosferę panującą w społeczeństwie, a tym samym kulturę braku szacunku.

Często, nieco upraszczając i przerysowując, ludzie powołują się na potrzebę „prostych przekazów" jako wyjaśnienie dla nowych, destrukcyjnych sposobów zachowania. W ten sposób jednak w dużej mierze pomija się czynnik emocjonalny, znacznie ważniejszy niż ten czysto językowy. W rzeczywistości ów aspekt radykalnego języka, który odwołuje się do poczucia upokorzenia i niższości przychylnie nastawionych odbiorców i pośrednio oferuje im „lekarstwo" na ich bolączki, ma dużo większe znaczenie. Za mową nienawiści radykalnych islamistów zawsze kryje się obietnica czekających na nich w raju siedemdziesięciu dwóch dziewic.

”

SZCZEGÓLNIE PRZEZ
CORAZ BARDZIEJ
POPULARNY POPULIZM
RETORYKA W POLITYCE
STAŁA SIĘ ZŁOŚLIWA,
A WRĘCZ NIENAWISTNA.
AGRESYWNE SŁOWNICTWO
DZIELI SPOŁECZEŃSTWO
NA BARDZO DOBRYCH
I BARDZO ZŁYCH, NA
JEDNOSTKI WYCHWALANE
I DYSKREDYTOWANE.

MASKA SWOBODNEGO STYLU BYCIA

Zapewne przez połączenie wcześniej wymienionych zjawisk ukształtował się w naszym społeczeństwie ideał emocjonalny, który można określić jako maskę swobodnego stylu bycia. Należy okazywać jak najmniej uczuć albo robić to w sztuczny sposób. Liczy się obojętność, a w kontaktach międzyludzkich dominuje zdystansowanie emocjonalne. W ten sposób twarz staje się podobna do maski, a człowiek zatraca możliwość okazywania zróżnicowanych emocji. Następuje proces upodabniania się do maszyny.

Uniformizacja przez brak okazywania emocji nie zmienia jednak faktu, że za maską kryje się uczuciowa, bardzo wrażliwa istota. Człowiek jako całość nie stał się mniej emocjonalny, nie jest trudniej go zranić i nie potrzebuje mniej zainteresowania. Nie chce i nie może już jednak okazywać swoich uczuć i pragnień, zachowuje je więc dla siebie. I tak powstaje afektywno-emocjonalny rozdźwięk. Oznacza to, że wyrażanie emocji (afekt) i wewnętrzne odczuwanie (emocjonalność) nie pasują do siebie. Uniformizacja, widoczna również w makijażu, sprawia, że zamiera afektywna witalność, a twarz upodabnia się do maski. Natomiast wewnętrzne odczuwanie emocji ani na jotę nie jest mniejsze niż wcześniej (patrz również strony 23–41). Wręcz przeciwnie, tęsknota za zainteresowaniem emocjonalnym i krzepiącymi uczuciami jest zapewne większa niż kiedykolwiek wcześniej. W środku

”

SWOBODNY STYL
BYCIA ZAPEWNIA
OCHRONĘ, NA PRZYKŁAD
PRZED ZRANIENIEM
I ODSŁONIĘCIEM SIĘ,
I JEST MYLĄCY DLA
BLISKICH. SIŁĄ RZECZY
POD TĄ MASKĄ ZNIKA
SZACUNEK WOBEC INNYCH.

człowiek pozostaje istotą wrażliwą, potrzebującą miłości i pochwały, nawet jeśli się przed tym broni i co innego pokazuje na zewnątrz.

TRAKTOWANIE OSÓB STARSZYCH

Kryzys szacunku w naszym społeczeństwie wiąże się również w dużym stopniu z coraz bardziej pozbawionym go stosunkiem do rosnącej części społeczeństwa, czyli ludzi starszych. Z powodu szybko rosnącej średniej długości życia odsetek osób ponadsześćdziesięciopięcioletnich wzrósł w społeczeństwie do 20 procent.

Tendencji tej, dla pojedynczych osób jak najbardziej pozytywnej, społeczeństwo bynajmniej nie przyjmuje z radością i szacunkiem. Dyskutuje się przede wszystkim na temat społecznych i gospodarczych aspektów starzenia się ogółu ludności. Narzeka się na dziurę w systemie emerytalnym, na koszty opieki, analizuje się pożyteczność i jakość życia seniorów i ogólnie podaje w wątpliwość sens życia starszych osób. W opublikowanych w 2018 roku europejskich badaniach ustalono, że do dyskryminacji ludzi starszych dochodzi znacznie częściej niż do aktów seksizmu czy rasizmu. Szwajcarski socjolog Christian Maggiori[4] z Wyższej Szkoły we Fryburgu, który był w znaczący sposób zaangażowany we wspomniane badania, słusznie podkreślał, że brakuje regulacji prawnych na rzecz ochrony ludzi starszych. W przeciwieństwie do seksizmu i rasizmu nie istnieje żadne prawo, które zabraniałoby dyskryminacji i stygmatyzacji tej części społeczeństwa. Maggiori chce zbadać, czy wprowadzenie dla dzieci od czwartego roku życia programu uwrażliwiającego na ten problem może odwrócić kierunek owej niepokojącej tendencji.

Deprecjonowanie osób starszych zaczyna się od bezkrytycznego uwielbienia młodości i kierowania reklam wyłącznie do ludzi młodych, widać je w ogłoszeniach o pracy, które w ukryty (ponieważ prawnie zabroniony) sposób dyskryminują osoby starsze, a kończy się na ich izolacji. W świecie podporządkowanym zasadzie użyteczności ekonomicznej i optymalizacji zysku wydaje się, że godność wieku starczego nie ma już żadnej wartości. Wiedza, doświadczenie i mądrość starości zostały zastąpione przez Google i Wikipedię, a jakość egzystencji w jesieni życia jest naznaczona obrazem uciążliwej starości.

Ciągłe narzekanie na brak poczucia sensu i beznadziejność na starość, a także coraz otwarciej okazywana sympatia wobec dobrej śmierci, czynnej eutanazji, wywierają ogromną presję emocjonalną na wymagające opieki i depresyjne starsze osoby. Ludzie ci czują się w dosłownym tego słowa znaczeniu bezwartościowi i nie chcą być dłużej ciężarem dla swoich bliskich ani dla społeczeństwa. Jak ważne jest jednak docenianie starości w kontekście poczucia spełnionego życia, do którego należy również jego ostatni etap, a także w aspekcie zdrowego funkcjonowania społeczeństwa, pokazuje nam mądrość czwartego przykazania: „Czcij ojca twego i matkę twoją, abyś długo żył na ziemi, którą

”

W JAPONII, KRAJU
O BARDZO WYSOKIEJ
ŚREDNIEJ DŁUGOŚCI
ŻYCIA, PIELĘGNOWANIE
STARSZYCH LUDZI MA
ZOSTAĆ POWIERZONE
HUMANOIDALNYM ROBOTOM,
CO SPOWODUJE, ŻE LUDZIE
CI BĘDĄ POZBAWIENI TAK
WAŻNEGO NA STAROŚĆ
ZAINTERESOWANIA
EMOCJONALNEGO.

Pan, Bóg twój, da tobie". Nie tylko podkreśla ono wymóg szacunku wobec osób starszych, ale i zwraca uwagę, że dzisiejsi młodzi to jutrzejsi starzy. Jeśli coraz większa część społeczeństwa będzie pozbawiona godności i szacunku, pogorszy to postawę ogółu w dużo większym stopniu, niż dzieje się to w przypadku jeszcze bardziej pozbawionego szacunku traktowania mniejszości takich jak uchodźcy czy ludzie ubiegający się o azyl.

KRYZYS POJĘCIA GODNOŚCI

Ostatnia przyczyna ewidentnego upadku szacunku w naszym społeczeństwie to, przynajmniej w krajach zachodnich, kryzys pojęcia godności. Godność, choć indywidualnie uznawana za ważne dobro, społecznie nie jest tu już wiele warta. Podczas gdy jeszcze nie tak dawno z powodu naruszenia godności pojedynkowano się, dziś czyny takie prawie nie są karane. Pojęcie godności w naszych szerokościach geograficznych uznawane jest za przestarzałe. Ten, kto broni się przed zniewagami, piętnowaniem i groźbami, jest wyśmiewany jako przeczulony, ograniczony i trochę staroświecki. Doniesienia o tego typu przestępstwach są „umniejszane" i kierowane na drogę oskarżenia prywatnego, którego wynik wcale nie jest przesądzony. A jeśli już dojdzie do wydania wyroku skazującego, najczęściej nakładane są łagodne kary. Natomiast do karania za zjadliwe wypowiedzi w internecie nie ma prawie żadnych środków prawnych.

Rytualizacja godności ma za to nadal ugruntowaną pozycję w postaci przyznawania orderów i nadawania tytułów. Tu widać wyraźnie ambiwalentną postawę naszego społeczeństwa wobec godności. Na zewnątrz wyróżnienia i odznaczenia są wyśmiewane i wykpiwane. W głębi duszy jednak większość ludzi tęskni za takimi wyrazami uznania i reaguje głęboką urazą, gdy przy okazji tego typu honorów zostaje pominięta.

Domaganie się szacunku

Jeśli chcemy pokonać kryzys szacunku w naszym społeczeństwie, musimy zwrócić większą uwagę na pełne szacunku traktowanie innych, na poszanowanie praw człowieka oraz ochronę honoru i godności na płaszczyźnie prawnej. Szacunek musi być egzekwowany również na tym polu. Internet nie może stać się przestrzenią poza prawem, a zwrot „moje uszanowanie", który wyraża szacunek, powinien znów być traktowany poważnie. Zbyt łatwo upadająca kultura szacunku przekształca się w kulturę nienawiści.

Zbyt wielki zaszczyt

Niemała część przestępstw popełnianych przez imigrantów, zwłaszcza czynów o charakterze agresywnym, wiąże się z naruszeniem poczucia godności. W społeczeństwach, z których wywodzą się ci ludzie, uznaje się wagę godności i docenia się ją, stawiając na szczycie piramidy wartości, natomiast rytualizacja jest gwarantem jej trwałego znaczenia.

Jak wysokie miejsce w hierarchii zajmuje godność w niektórych kulturach patriarchalnych, stojąc znacznie ponad prawem, życiem i wolnością, dramatycznie widać w niezmiennie wysokiej liczbie mordów honorowych i wendet. Według różnych szacunków na świecie zabija się rocznie około dziesięciu tysięcy osób, prawie wyłącznie kobiet, by odzyskać spowodowaną rzekomym przewinieniem zhańbioną godność rodziny. Ofiarą wendet, których głównym motywem jest urażony honor krewnych, klanu lub społeczności o wspólnych poglądach, pada rocznie pięć tysięcy osób, wyłącznie mężczyzn. Wszystkie starania, by zmienić będące przyczyną tych strasznych przestępstw zaburzone postrzeganie pojęcia godności, a więc patologiczną formę szacunku, do tej pory zazwyczaj spełzały na niczym.

WARTOŚCI I POCZUCIE WŁASNEJ WARTOŚCI SĄ ZE SOBĄ ŚCIŚLE POWIĄZANE

Jeśli chcesz się cieszyć własną wartością,
musisz światu wartości użyczyć.

JOHANN WOLFGANG VON GOETHE

Większość definicji określa szacunek jako pozytywną ocenę drugiego człowieka i kładzie nacisk na holistyczne jego postrzeganie. Kontrowersje budzi pytanie, czy pojęcie szacunku, ze względu na konieczną do jego okazywania empatię, powinno być stosowane wyłącznie w odniesieniu do relacji międzyludzkich. Pojęcie to może tyczyć się również wewnętrznej postawy wobec przyrody, nauki i kultury, dóbr materialnych i duchowych, jednym słowem, do całego otoczenia i życia człowieka.

Istotą szacunku są wartości, które dla każdego są ważne: poważanie i honor, uznanie i podziw, a przede wszystkim godność. Jako zasadnicza postawa wobec życia i świata stanowi ona trwałą wartość, „skarb".

Ponadto szacunek wykazuje pewną dwoistość. Jego oddziaływanie, jak wspomniałem we wstępie, jest ukierunkowane w dwie strony – jest korzystny dla innych, a równocześnie podnosi nasze poczucie własnej wartości. Im większą wartość przypisujemy samym sobie, tym więcej z tej wartości możemy przekazać ludziom i otoczeniu.

Podsumowując: prawdziwy szacunek gwarantuje życzliwość w komunikacji międzyludzkiej i uważny stosunek do otoczenia. Ponieważ szacunek oprócz umiejętności okazywania empatii (patrz strony 23–41) zawsze wymaga również pozytywnej otwartości, osoby zdolne do wyrażania go nie podchodzą do postępu z nieufnością i sceptycyzmem, ale równocześnie doceniają doświadczenie i mądrość zawarte w tradycji.

Prawdziwy szacunek nie ma notabene nic wspólnego z bezkrytycznością ani koloryzowaniem rzeczywistości, a już na pewno nie ze schlebianiem innym. Jego szczególną zaletą jest pozytywne nastawienie wobec innych oraz zasadniczo aprobujące ukierunkowanie własnego myślenia, odczuwania i woli.

CZYM WŁAŚCIWIE SĄ WARTOŚCI?

Istotnymi czynnikami mającymi wpływ na szacunek są typowa dla ludzi emocjonalność oraz wyznawane wartości. Szacunek odnosi się więc do wszystkiego, co jest dla nas wartościowe, do całego świata wartości. Z tego względu warto zapytać, czym w zasadzie są wartości i w jaki sposób cecha charakteru czy zachowanie, idea, dzieło lub przedmiot mogą zostać uznane za wartościowe lub mogą stać się wartością.

Pojęcie wartości, które zasadniczo jest neutralne (może oznaczać coś pięknego, ale także złego), określa zatem wszystko, co poszczególni ludzie uznają dla siebie i innych za pożądane i warte starań. Wartości to zasady, którymi chcą się kierować w życiu i współżyciu z innymi pojedyncze osoby, grupy czy społeczeństwa. Mają one wpływ na zachowanie, służą za punkty orientacyjne i docelowe i są punktem wyjścia przy podejmowaniu decyzji. Z tego względu stanowią podwalinę porządku etycznego i społecznego. Klasyczna definicja zaczerpnięta z filozofii opisuje wartości jako nadrzędny zestaw cech, którymi możemy się kierować, które możemy uznawać, cenić czy do nich dążyć. Przez wiele nauk są definiowane jako abstrakcyjne koncepcje czy przekonania dotyczące celów, do których dąży dana osoba i które służą jej za wytyczne w życiu. Nauki społeczne uznają wartości za cele, dotyczące wszystkich sytuacji, które stawiają sobie poszczególne osoby lub grupy społeczne i które różnią się pod względem wagi.

”

WARTOŚCI SĄ RÓŻNE
W ZALEŻNOŚCI OD
CZŁOWIEKA I KULTURY,
A ICH WAGA JEST
ROZMAICIE OCENIANA.

Dziś w zachodnim społeczeństwie takie wartości jak samorealizacja czy niezależność są szczególnie wysoko cenione. Do wartości ważnych dla grupy społecznej należą rodzina, krewni, stowarzyszenie, firma czy naród. Za ogólnospołeczne wartości uznawane są demokracja, wolność przekonań, godność człowieka i religia. Za szczególnie ważne wartości są dziś uznawane prawa człowieka i podstawowe prawa obywatelskie.

Głęboko zakorzenione, ale stale się zmieniające

Wartości wykształcają się na bazie podstawowych ludzkich potrzeb (takich jak pożywienie, sen, bezpieczeństwo, samodzielność, samorealizacja), wymogów współżycia między ludźmi, myśli religijnej, idei politycznych czy przemyśleń filozoficznych. Wartości zawsze są dyskusyjne, nieraz są naruszane, podlegają ciągłym przemianom i muszą stale być na nowo rozważane.

Istnieją jednak również wartości, które we wszystkich czasach i kulturach są uznawane i charakteryzują się ponadczasową aktualnością, jak na przykład podstawowe wartości religii świata czy potępienie *delicta mala per se*, czyli czynów kryminalnych, które w każdym społeczeństwie i każdej epoce są same w sobie, również bez wyraźnego zakazu, uznawane za niegodziwe. Zmiany w hierarchii wartości to temat ponadczasowy, a dyskusje dotyczące wartości często są bardzo gwałtowne i kontrowersyjne. Czasem prowadzą do poważnych sporów czy wręcz konfliktów zbrojnych.

Chociażby współczesny terroryzm jest silnie motywowany walką o wartości i o odzyskanie wartości pogwałconych.

CAŁY ŚWIAT W TRWODZE

7 stycznia 2015 dwaj zamaskowani sprawcy wtargnęli do pomieszczeń redakcji satyrycznego pisma „Charlie Hebdo" w Paryżu, zastrzelili jedenaście osób, w tym wydawcę czasopisma, wielu znanych rysowników oraz policjanta służby bezpieczeństwa. Kolejnych jedenaście osób zostało rannych, w tym niektóre ciężko. Podczas zamachu islamscy terroryści wykrzykiwali takie hasła jak na przykład: „Pomściliśmy Proroka". Uciekając, zabili kolejnego policjanta, a dwa dni później sami zostali zastrzeleni przez siły bezpieczeństwa w budynku drukarni, w którym się zabarykadowali.

„Charlie Hebdo", magazyn ukazujący się raz w tygodniu, już w 2006 roku przedrukował znane karykatury Mahometa z duńskiego czasopisma, później wielokrotnie publikował satyry krytykujące islam, również w dniu zamachu. Zamach, który wywołał grozę na całym świecie, jest uważany za tragiczny przykład przestępstwa na tle profanowania wartości. Sprawcy czuli się głęboko dotknięci naruszaniem ich religijnych wartości i najwyraźniej postrzegali swoją makabryczną zemstę jako dobry, sprawiedliwy czyn.

Wartości są mniej konkretne niż normy i głębiej zakorzenione niż preferencje (czyli to, co się po prostu woli), nie tak uświadomione i dające się kontrolować jak motywy postępowania, ale podobnie stabilne jak cechy osobowości. Podczas gdy struktura osobowości jest w dużej mierze uwarunkowana genetycznie, wartości mogą, poprzez doświadczenie i rozwój, zmieniać się i być tworzone na nowo. Wartości przyswajane są poprzez identyfikację i naśladownictwo oraz przez uczenie się społeczne, modyfikowane przez wpływ rodziny i środowiska oraz rozbudowywane przez wychowanie i kształcenie. W zasadzie można by określić wartości jako czynniki kształtujące i formujące osobowość, ponieważ są wytycznymi i decydującymi uwarunkowaniami w ludzkim życiu. Pomagają nam rozróżnić, co jest ważne, a co nie, co jest właściwe, a co nie, i w końcu co jest dobre, a co złe dla nas samych. W naukowych publikacjach wartości są trafnie określane jako „części składowe ludzkiej egzystencji", jako „życiowe cele" czy „kluczowe czynniki motywacyjne bytu".

Wartości, zarówno na płaszczyźnie indywidualnej, jak i społecznej, podlegają pewnym przemianom. Są zależne od kultury i nowych prądów społecznych, od postępu technicznego i poszerzania wiedzy, od ducha czasów i mody. Proces zmian wartości jest przyspieszany przez odrzucenie dawnych norm, kryzys instytucji, osłabienie związków z religią oraz tendencję do niezależności i samorealizacji. Na pluralistyczne społeczeństwo, jak to ma miejsce w zachodnim świecie, wpływają zupełnie inne, bardziej różnorodne i indywidualne, ale również o wiele bardziej elastyczne i krótkotrwałe wartości niż na kultury bardziej tradycyjne.

Podstawowe wartości – co jest dla nas ważne i co uważamy za pożądane

Jako że wartości już z definicji są stosunkowo stabilnymi i trwałymi czynnikami, większość badaczy opiera się w badaniach nie na dużej ich liczbie, ale na kilku podstawowych wartościach, które na płaszczyźnie indywidualnej i społecznej mają zróżnicowane znaczenie. Najbardziej przejrzysty system wartości opracował w 1992 roku amerykański psycholog Shalom H. Schwartz wraz z jedenastoma innymi badaczami na podstawie ankiety przeprowadzonej wśród osób z dwudziestu różnych narodowości[5]. W 2012 roku pierwotnych dziesięć podstawowych wartości zostało rozszerzone do dziewiętnastu. Oto one:

1. **Samostanowienie:** rozwijanie własnych pomysłów i umiejętności.
2. **Autonomiczne działanie:** niezależność w postępowaniu.
3. **Inicjatywa:** dążenie do nowych wyzwań i doświadczeń.
4. **Przyjemność:** uciecha dla zmysłów i zabawa.
5. **Sukces:** odniesienie sukcesu zgodnego z obecnymi standardami.
6. **Władza:** dążenie do przewagi, dominacja, wpływ.
7. **Kontrola zasobów:** dysponowanie środkami materialnymi i finansowymi.
8. **Uznanie:** dbanie o własny wizerunek, unikanie kompromitacji.

9. **Bezpieczeństwo osobiste:** stabilność środowiska i relacji.
10. **Bezpieczeństwo społeczne:** stabilność polityki i społeczeństwa.
11. **Tradycja:** kultywowanie zwyczajów rodzinnych, kulturowych i religijnych.
12. **Stosowanie się do reguł:** przestrzeganie prawa, reguł i wypełnianie obowiązków.
13. **Dostosowanie się do innych:** dobre relacje z innymi ludźmi.
14. **Skromność:** relatywizacja ważności własnej osoby.
15. **Opieka i życzliwość:** dbanie o dobre samopoczucie członków rodziny i bliskich osób.
16. **Wiarygodność:** bycie godnym zaufania i ufnym członkiem pewnej grupy.
17. **Holistyczne spojrzenie na społeczeństwo:** działanie na rzecz równości, sprawiedliwości i ochrony wszystkich ludzi.
18. **Ochrona przyrody:** chronienie środowiska naturalnego.
19. **Tolerancja:** akceptowanie odmienności.

W psychologii, która zajmuje się przecież ludzkim przeżywaniem i zachowaniem, opisywany jest związek między wartościami ważnymi dla konkretnej osoby a wartościami danej sytuacji, czyli socjalnego i społecznego kontekstu. Jako idee odnoszące się do ważnych kwestii życiowych obydwa rodzaje wartości pokazują, co dla danej osoby jest ważne, słuszne moralnie i cenne. Wartości skłaniają więc do wyraźnej akceptacji i życzliwej oceny stworzeń, przedmiotów, idei, ideologii, działań i postaw. Ale dostarczają również wyobrażeń ideałów i mówią nam, w jaki sposób chcielibyśmy kształtować innych ludzi i otoczenie. Ostatecznie chodzi więc znów o poczucie własnej wartości.

POCZUCIE WŁASNEJ WARTOŚCI JEST KSZTAŁTOWANE PRZEZ NAS SAMYCH I PRZEZ OTOCZENIE

Szczególną pozycję w sporach naukowych dotyczących szacunku zajmuje poczucie własnej wartości. Pod tym pojęciem, jak sama nazwa wskazuje, kryje się ocena wartości, którą przypisujemy samym sobie. Ta osobista ocena własnej osoby plasuje się między dwoma skrajnościami: uznaniem i dezaprobatą dla własnej osobowości, może zatem wypaść pozytywnie lub negatywnie. Poczucie własnej wartości odnosi się w dużym stopniu do postrzegania samego siebie, do przywoływania w pamięci opinii bliskich osób i do reakcji ze strony środowiska. W psychoterapii mówi się o czterech filarach poczucia własnej wartości, do których obok akceptacji własnej osoby (przyjmowania się takim, jakim się jest) i zaufania do siebie (polegania na własnych umiejętnościach) należą również kompetencje społeczne (umiejętność adekwatnego komunikowania się) i siatka społeczna (możliwość polegania na innych ludziach).

Poczucie własnej wartości może być wysokie lub niskie, stabilne lub niestabilne, pewne lub kruche.

W nauce rozróżnia się ponadto ukryte, opierające się na nieuświadomionych uczuciach, oraz świadome, które można określić jako jawne. Co więcej, poczucie własnej wartości może zależeć od konkretnych celów, takich jak wygląd zewnętrzny, uznanie w oczach innych czy kompetencje związane z wykształceniem akademickim. Mówi się wówczas o zależnym poczuciu własnej wartości, które jest w dużym stopniu uwarunkowane osiągnięciem wyznaczonych sobie celów. Natomiast niezależne poczucie własnej wartości raczej nie wiąże się z takimi czynnikami.

Obraz własnej osoby

Z poczuciem własnej wartości ściśle łączy się koncepcja samego siebie, pojęcia te należy jednak rozróżnić. Podczas gdy poczucie własnej wartości dotyczy opartej na odczuciach oceny obrazu własnej osoby, koncepcja własnej osoby odnosi się do czynnika poznawczego, a zatem samego obrazu, jaki o sobie mamy (na przykład „odnosząca sukcesy biznesmenka" albo „genialny artysta"). Jeśli koncepcja ta jest kwestionowana przez środowisko zewnętrzne, dochodzi do konfliktów wewnętrznych i kryzysów.

UTRACONA ORIENTACJA

U Isabelli zdiagnozowano marskość wątroby spowodowaną nadużywaniem alkoholu. Pięćdziesięciodwuletnia kobieta wcześniej cieszyła się dobrym zdrowiem i była uważana za osobę zrównoważoną psychicznie, ale przez ostatnie trzy lata bardzo dużo piła. Mimo że studiowała i chciała zrobić karierę zawodową, od chwili pierwszej ciąży obudziło się w niej głębokie pragnienie poświęcenia się rodzinie i wychowaniu dzieci. Bardzo dobrze czuła się w roli „menedżerki rodziny" i była z niej, wbrew dominującej przeciwnej tendencji, bardzo zadowolona. Gdy dzieci wyprowadziły się z domu, wpadła w głęboki psychiczny dołek. Mąż był zajęty interesami, spełniał się w życiu zawodowym i niewiele troszczył się o ich związek.

„Puste gniazdo" (od stosowanego w psychologii określenia „syndrom pustego gniazda", ang. *empty nest syndrome*) stało się dla niej więzieniem, zarówno zewnętrznym, jak i wewnętrznym. Poczucie nudy i bezsensowności, zwątpienia i zdezorientowania coraz bardziej przytłaczały Isabellę. Nawiązała kontakt z kilkoma kobietami ze swojej miejscowości, z którymi dawniej nawet nie zamieniłaby słowa. Podczas spotkań piły białe wino i szampana, już przedpołudniami, a kolejki najczęściej stawiała Isabella. Dobrze czuła się w tym towarzystwie, mogła się tu wygadać i była wysłuchiwana z zainteresowaniem, nagle znów zaczęła wiele znaczyć. Później, gdy nie potrafiła już zrezygnować z alkoholu, który działał uspokajająco, poprawiał jej humor i poczucie własnej wartości, coraz częściej piła w samotności i coraz więcej mocnych trunków, co w konsekwencji doprowadziło do marskości wątroby.

Historia Isabelli pokazuje wyraźnie, w jaki sposób poczucie własnej wartości może zostać zachwiane, gdy koncepcja samego siebie (tu: „menedżerka rodziny") zostaje w tyle i nie jest korygowana lub dostosowywana do nowej sytuacji.

Zaufać sobie i akceptować siebie takim, jakim się jest

Decydujące dla optymalnego poczucia własnej wartości jest to, czy ma rozsądny wymiar (a zatem nie może być ani zbyt wysokie, ani za niskie) i czy jest głęboko zakorzenione. Równie ważna jest akceptacja własnej osoby ze wszystkimi jej wadami. Kto ma takie optymalne poczucie własnej wartości, nie zostanie wytrącony z równowagi przez niepowodzenie, tylko potraktuje błąd, który każdemu może się zdarzyć, jako doświadczenie wzmacniające jego osobowość. Pewność siebie zależy jednak przede wszystkim od wiary we własne umiejętności. Im bardziej jesteśmy o nich przekonani, tym wyższe jest nasze poczucie własnej wartości, im niżej oceniamy swoje umiejętności, tym mniej jesteśmy siebie pewni. Wynikająca z tego ocena własnej osoby jest stosunkowo stabilną cechą, a zdaniem wielu badaczy wręcz stałą cechą osobowości. Niemniej jednak poczucie własnej wartości nie jest niezmienne, a wzmacnianie zbyt niskiego poczucia własnej wartości lub ukierunkowanie zbyt wysokiego mniemania o sobie na prawidłowe tory – a zatem pozytywne wpływanie na zaburzenia neurotyczne i narcystyczne (patrz również strony 175–194) – są dziś najważniejszymi celami psychoterapii.

Znaczenie przynależności

Obok osobistego poczucia własnej wartości istnieje również takie, które jest związane z grupą czy dowolnym rodzajem zbiorowości. Owo poczucie własnej wartości rozwija się na podstawie wspólnych interesów, idei i celów, ale członkostwo we wspólnocie politycznej lub religijnej czy w klubie sportowym ma również swoje odzwierciedlenie na płaszczyźnie emocjonalnej. To pozytywne wzmocnienie może mieć jednak czasem fatalne skutki, jak pokazuje historia Jensa.

CHULIGAN PRZEZ GRUPĘ

Badanie psychologiczne Jensa, nieletniego, który wraz z kilkoma kumplami dopuścił się wyjątkowo brutalnego napadu na przechodnia, przyniosło zaskakujące na pierwszy rzut oka wyniki.
Banda wyrostków spożyła w kilku lokalach dużą ilość alkoholu. Po drodze na dworzec jeden z członków grupy napadł znienacka na przechodzącego tamtędy młodego mężczyznę. Gdy ten przewrócił się z krzykiem na ziemię, pozostali rzucili się na bezradną ofiarę. Pobili i skopali mężczyznę, opluli nieruchomo leżące ciało i poszli dalej, potem zostali jednak schwytani i oskarżeni.
Główny sprawca miał zostać przebadany pod kątem uzależnienia od alkoholu i młodocianej dojrzałości. Akta sprawy i doniesienia medialne przypisywały mu cechy przywódcze i szczególnie brutalne postępowanie. Z tego względu jako rzeczoznawca spodziewałem się agresywnego, uzależnionego i antyspołecznego człowieka.

Zamiast tego w celi śledczej spotkałem nieśmiałego, neurotyczno-powściągliwego, trzęsącego się i płaczącego, wyglądającego jeszcze dziecięco szesnastolatka, pełnego kompleksów i zwątpienia w siebie.

Jens pochodził z rozbitej rodziny, jego osiągnięcia szkolne były poniżej przeciętnej, a ze względu na opóźnienie okresu dojrzewania często był wyśmiewany. Dołączył do grupy chłopaków z marginesu społecznego. Czuł się w tym środowisku rozumiany i akceptowany bez wstępnych warunków. Nikt go tu nie sprawdzał, czuł się tu pewny i silny, tutaj mógł się wykazać, tu był kimś. Siła wspólnoty dawała mu poczucie siły. Pozbawiony zahamowań przez alkohol chciał przed innymi udowodnić swoją męskość i pokazać, że przyjęcie go do grupy było rzeczywiście uzasadnione. Szukał uznania i respektu dla własnej osoby, teraz ktoś inny stał się poniżoną ofiarą.

Efekt wzmocnienia poczucia własnej wartości poprzez przynależność do grupy może oczywiście przebiegać w sposób bardziej akceptowalny społecznie niż w przypadku Jensa, przykładowo w drużynie piłkarskiej, gdzie wspólny trening spaja grupę, a sukces jest dla wszystkich dowodem, że wysiłek się opłacił.

Indywidualizm i wspólnota

Wyraźnie uwidacznia się tu wspomniana już na wstępie ważna zależność, o której chcę jeszcze raz powiedzieć, ponieważ łączy ona osobiste i społeczne aspekty poczucia własnej wartości.

Wiele osób nie zdaje sobie sprawy, że tylko ludzie z prawidłowym poczuciem własnej wartości są w stanie okazywać innym uznanie i respekt i że przez postawę pełną szacunku wzrasta pewność siebie, a tym samym poczucie własnej wartości. Innymi słowy, zachowanie nacechowane szacunkiem jest warunkiem pewności siebie, poczucia znaczenia własnej osoby i pewnej suwerenności. Można by więc nieco zwięźlej powiedzieć, że osoba okazująca szacunek sama jest człowiekiem godnym uznania, przede wszystkich ze względu na swoją pełną szacunku postawę.

Ponadto mało kto zastanawia się nad tym, że szacunek, który okazujemy innym, podnosi poczucie własnej wartości. Czynnie okazywany szacunek najczęściej spotyka się z życzliwą reakcją, co z kolei wzmacnia pewność siebie. Kanadyjska grupa badawcza zebrana wokół profesor psychologii Myriam Mongrain[6] udowodniła naukowo ten dobrze znany z pracy psychoterapeutycznej efekt, potwierdzając tym samym słowa aforysty Petera Henatscha: „Doświadczanie szacunku i okazywanie szacunku są od siebie zależne jak siew i zbiór plonu".

REGULACJA POCZUCIA WŁASNEJ WARTOŚCI – CAŁE ŻYCIE NA PEŁNYCH OBROTACH

Każdy człowiek ma naturalną potrzebę utrzymywania poczucia własnej wartości na możliwie wysokim poziomie. Dzieje się tak przede wszystkim za sprawą tak zwanej regulacji poczucia własnej wartości. Pod tym pojęciem rozumiemy wszystkie zachowania, które prowadzą do podniesienia, stabilizacji lub odbudowy poczucia własnej wartości. Proces regulacji poczucia własnej wartości mogą uruchomić zarówno nowe doświadczenia, jak i obciążające przeżycia czy kryzysy. Poczucie własnej wartości czasem trzeba ratować, często chronić, ale na pewno stale rozwijać. Oprócz obserwacji własnej osoby wymaga to również porównywania się z innymi ludźmi. Duże znaczenie ma też to, czy z otoczenia płyną do nas informacje zwrotne pozytywne, pełne uznania i wzmacniające, czy nacechowane krytyką, negatywne i demotywujące. Stabilizacja poczucia własnej wartości jest zadaniem na całe życie. Jako że chcemy utrzymać poczucie własnej wartości na optymalnym poziomie, oznacza to stałą pracę nad naszą psychiką.

Powiedzonko: „Jestem, jaki jestem, i dobrze mi z tym", przemawia wprawdzie za rozsądnym zaufaniem do siebie samego, ale już nie za koniecznością ciągłej regulacji poczucia własnej wartości.

Gdy poczucie własnej wartości wymknie się spod kontroli

Zdolność regulowania poczucia własnej wartości u wielu osób jest hamowana przez lęki. Tymczasem zdolność tę można rozwijać. Przejrzysty model regulacji poczucia własnej wartości został opracowany przez znanego neuropsychiatrę Herwiga Scholza. Wychodzi on od spostrzeżenia, że skupieni na osiągnięciach, obowiązkowi, pomocni i życzliwi ludzie częściej niż inni chorują na depresyjne stany wyczerpania, zaburzenia lękowe i dolegliwości psychosomatyczne. Przyczynę tego stanu rzeczy upatruje w stałej, bezskutecznej walce o uznanie, szacunek i miłość.

Osoby, które nie znajdują pozytywnego oddźwięku w swoim otoczeniu, próbują utracone w ten sposób (lub od początku niskie) poczucie własnej wartości odbudować na drodze ogromnego wysiłku lub zbytniego dostosowywania się. Oznacza to dla takiego człowieka permanentny stres, co prowadzi do przeciążenia biologicznych mózgowych procesów kontrolnych, a to z kolei do depresji, zaburzeń lękowych i objawów psychosomatycznych. Według Scholza osoby, których dotyczy ten mechanizm, w trudnych sytuacjach, konfliktach, upokarzających zdarzeniach czy przypadkach dyskredytacji redukują poczucie własnej wartości, podporządkowując się i dopasowując, co w dalszej perspektywie powoduje niepewność. Ze względu na brak pewności siebie wiele osób rezygnuje z kształtowania własnych poglądów na rzecz przesadnego dostosowania się do otoczenia i uzależnienia się od zadnia innych ludzi. Ten rys osobowości określa się jako zależność. Szczególnie zagrożeni zależnością i podatni na zaburzenia i choroby psychiczne są ludzie o wysokich wymaganiach moralnych, wrażliwym sumieniu i silnym superego.

Ze względu na wymienione kontrolujące instancje psychiczne osoby takie nie są w stanie wyrazić pojawiającej się w nich agresji wobec otoczenia, które nie okazuje im szacunku. Z tłumionej agresywności, która potem jest kierowana przeciw samemu sobie, wynika kolejne zwątpienie w wartość własnej osoby i pogorszenie obrazu siebie samego, co może prowadzić do poczucia winy, a czasem do samookaleczania się.

Superego

Superego to zgodnie z opracowanym przez Sigmunda Freuda modelem ludzkiej psychiki struktura, w której ulokowane są sumienie, moralność, normy i wartości społeczne. Jako antagonista id reprezentującego popędliwość, superego, które wykształca się przede wszystkim na drodze wychowania, jest odpowiedzialne za sprawiedliwe społecznie zachowanie. Trzecią strukturą modelu Freuda jest ego. Pośredniczy ono między id, superego i światem rzeczywistym.

Obok mechanizmu obniżania własnej wartości przez lękowe dopasowanie się mogą się pojawiać również nadmierne kompensacje. Osoby takie, „wybiegając w przód", próbują dominującym zachowaniem, nadaktywnością i przecenianiem własnych zdolności w czynny sposób podnieść poczucie własnej wartości. Próby te, pociągające za sobą chroniczny stres, prowadzą do konfliktów z otoczeniem i nieuchronnych porażek, co jeszcze bardziej podważa poczucie własnej wartości.

Postawić na własne możliwości i mocne strony

Oprócz rzetelnej analizy i uświadomienia sobie opisanych mechanizmów jako środek zaradczy i pomoc terapeutyczną Scholz sugeruje skupienie się na zdrowych obszarach, na własnych umiejętnościach i często nieuświadomionych możliwościach. Małymi krokami trzeba modyfikować wewnętrzne postawy, a postrzeganie samego siebie zacznie się zmieniać. Scholz opracował własny podręcznik[7], który ma w tym pomóc. Jego zdaniem nie można polegać wyłącznie na stosowaniu środków uspokajających lub antydepresyjnych.

Poczucie własnej wartości i jego regulowanie są zatem ogromnie ważne dla osiągnięcia postawy pełnej szacunku. Decydujące jest nie tylko to, czy dany człowiek ma wysokie czy niskie poczucie własnej wartości, ale także jakie ma umiejętności i możliwości regulacji obrazu siebie samego. Wysiłki terapeutyczne zmierzające do zwiększenia pewności siebie i zaufania do własnej osoby muszą zatem opierać się przede wszystkim na umiejętności regulacji poczucia własnej wartości.

WARTOŚCI I POCZUCIE WŁASNEJ WARTOŚCI – NASZ SKARB

Optymalnym podejściem do szacunku w naszym życiu byłoby nie tylko okazywanie go przy stosownych okazjach lub w pewnych okresach, ale uczynienie z niego części osobistej postawy i klimatu społecznego.

”

JAKO STOSUNEK DO ŻYCIA POSTAWA JEST CZĘŚCIĄ OSOBOWOŚCI I TYM SAMYM OKREŚLA ISTOTĘ CZŁOWIEKA.

W psychologii postawę definiuje się jako opierającą się na doświadczeniu gotowość do określonej oceniającej reakcji na daną osobę, grupę społeczną, sytuację lub wyobrażenie. Może ona wyrażać się w założeniach, przekonaniach, w uczuciach i emocjach oraz całościowym sposobie zachowania.

Zgodnie ze starszą, klasyczną już definicją postawa to stan gotowości umysłowej i neuronalnej, która jest ustrukturyzowana zgodnie z doświadczeniami i ma regulujący wpływ na reakcje jednostki. Postawy kształtują się zatem na bazie naszych doświadczeń i same są podstawą naszych ocen. Mogą one być pozytywne, negatywne lub neutralne, różnią się pod względem intensywności, mogą być rozwijane i dają się zmieniać, nawet jeśli jest to trudne.

Słowo „szacunek" odnosi się do wartości, do czegoś szacownego, cennego, czyli do pewnego skarbu. Co to jednak oznacza? Czy wartość czegoś może być na tyle wysoko ceniona, że rzeczywiście będzie tak cenna jak skarb? Czy cecha lub zdolność faktycznie może być postrzegana jako wartość? Czy skarb dopiero wtedy staje się wartością, gdy jest wydobyty i obrobiony?

Skarb to coś bardzo cennego. Jeżeli wewnętrzną postawę cechuje pozytywny obraz człowieka, empatyczne zachowanie, ostrożność i uważność, tolerancja i troska, można mówić o postawie pełnej szacunku. A jeśli szacunek ma korzystny wpływ na ludzi wokoło, poprawia klimat społeczny, a w dodatku ma pozytywy wpływ na naszą własną postawę, rzeczywiście staje się skarbem, którego powinniśmy szukać i strzec.

SIEDEM STOPNI SZACUNKU

W gruncie rzeczy to związki z ludźmi nadają życiu wartość.
WILHELM VON HUMBOLDT

Sporo już powiedzieliśmy na temat szacunku, ale właściwie to czym on dokładnie jest? Jak go zdefiniować? Czy to emocja, podstawowa potrzeba, szczególna wartość, postawa serca i umysłu? Choć szacunek to powszechnie używany termin, wcale nie łatwo go opisać. Być może dlatego, że zbyt często go używamy, a może za mało zastanawiamy się nad pełnym szacunku zachowaniem, ale niewykluczone też, że szacunek znacznie stracił dziś na znaczeniu.

W codziennym użyciu szacunek jest najczęściej zrównywany z pochwałą i uznaniem, z uwagą i poważaniem lub życzliwością i uprzejmością. Wszystkie tradycyjne definicje wskazują na więź międzyludzką jako nieodzowny element szacunku i zgodnie stawiają w centrum uwagi pozytywną ocenę drugiego człowieka. Szczególnie podkreślana jest konieczność pełnego szacunku sposobu wyrażania się oraz postawy.

Do lepszego opisania zjawiska szacunku przyda się odróżnienie szacunku samego w sobie od pełnej szacunku postawy. Na szacunek jako taki składa się wiele wstępnych jego etapów, a dwa szczególne przejawy wręcz wykraczają poza samo pojęcie szacunku. Warunkiem każdej formy szacunku jest duża doza empatii (patrz strony 23–41) i ukierunkowanie emocjonalności na godność człowieka i przyrody. W idealnym przypadku z pełnego szacunku zachowania w różnych sytuacjach wyrasta ogólna postawa życiowa, która jako część osobowości w znaczący sposób kształtuje nasz charakter.

Przyjrzyjmy się szacunkowi jako takiemu. Opiera się on na uwadze i zauważaniu, a także zawiera w sobie uważność, respekt i uznanie oraz pozytywny feedback, czyli akceptację. W szczególnych przypadkach może się rozwinąć bardziej, przybierając formę zaufania i ostatecznie miłości, a więc dwóch podstawowych uczuć, które w modelu stopniującym wartości stoją ponad szacunkiem. Te najszlachetniejsze formy szacunku wiążą się jednak z licznymi dodatkowymi warunkami i mogą, jeśli w ogóle tak się stanie, być okazywane jedynie niewielkiej liczbie wybranych osób. Zaufanie jako życiowa postawa wiązałaby się z niebezpieczeństwem łatwowierności, natomiast osobowość na wskroś przesiąknięta miłością wyróżnia zapewne tylko świętych.

Miłość
Zaufanie
Szacunek
Akceptacja
Respekt/uznanie
Uważność
Uwaga/zauważanie

Szacunek znajduje się w centrum pozytywnego procesu, którego zwieńczeniem jest miłość. Poszczególne stopnie prowadzące do szacunku wymagają, jako jego warunek czy raczej podstawa, przeprowadzenia oddzielnej analizy.

FUNDAMENT, NA KTÓRYM ZASADZA SIĘ CAŁY PROCES – UWAGA I ZAUWAŻANIE

Szacunek zawsze opiera się na naszym zainteresowaniu otoczeniem, przyrodą, środowiskiem społecznym i daną sytuacją, ale przede wszystkim ludźmi, z wszystkimi ich cechami, emocjami i potrzebami. Zainteresowanie jest czymś więcej niż neuropsychologiczną zdolnością do „wybierania i nadawania priorytetu poszczególnym bodźcom lub ich aspektom spośród różnorodnej gamy bodźców z otoczenia, przy jednoczesnym ignorowaniu i tłumieniu innych", jak głosi jedna z najbardziej rozpowszechnionych definicji. Zainteresowanie opiera się na otwartości, uwadze, wrażliwości na innych ludzi oraz empatii.

Człowiek potrzebuje życzliwej uwagi. Mało co potrafi być tak upokarzające jak brak zainteresowania czy lekceważenie. To, jak bardzo ludzie pragną zainteresowania i jak je cenią, znajduje wyraz w spontanicznym wyrażeniu wdzięczności: „To bardzo uprzejme z pani/pana strony!", i w słowach uznania: „Doceniam to!". Niektórzy wkładają duży wysiłek w to, by wzbudzić zainteresowanie. Wyrażają oryginalne myśli i prowokacyjne przemyślenia, ubierają się dziwacznie i krzykliwie albo zachowują się w sposób naprawdę szalony, dzięki czemu odrywają się od normalności i codzienności. Za wszystkimi tymi zachowaniami kryje się pragnienie bycia uwzględnionym, dostrzeżonym, cenionym, podziwianym i w końcu kochanym. Natomiast brak zainteresowania może mieć fatalne skutki, tak jak to się stało w przypadku Johannesa.

LĘK PRZED ZNIKNIĘCIEM

Wezwano pogotowie do pięćdziesięciojednoletniego robotnika, który upadł na ziemię w miejscu pracy w pobliżu uruchomionej maszyny. Johannes wykazywał wszystkie objawy ataku paniki, drżał na całym ciele, z trudem łapał powietrze i odczuwał silny ból uciskowy w piersi. Z jego z trudem wydobywanych słów można było wywnioskować, że doświadcza poczucia unicestwienia i lęku przed śmiercią. Badanie fizykalne

tego samotnego mężczyzny, który pracował w firmie od trzydziestu dwóch lat, nie wykazało żadnych nieprawidłowości, z wyjątkiem spodziewanego nadciśnienia i zaburzeń rytmu serca.
W trakcie badań psychologicznych coraz częściej mówił o swojej bezwartościowości i braku poczucia sensu w życiu. Uważał, że choć zawsze pracował i bardzo się starał, był sumienny i rzetelny, nigdy nie został pochwalony i ani razu nie podziękowano mu. Nikt nie widział jego ciągłych wysiłków, wszystko, co robił, było traktowane jako oczywiste. Nikt nie obdarzył go zainteresowaniem, nikt nie pytał, jak się czuje albo co myśli. Narastało w nim poczucie, że nie jest ważny dla firmy, prawie nie jest zauważany przez współpracowników, a dla całego otoczenia właściwie nie istnieje. Nagle pojawił się w nim niepokój i lęk, że nie ma racji bytu i że zniknie niezauważony przez nikogo. W tym momencie ogarnęło go uczucie paniki i unicestwienia.

Zainteresowanie może być ukierunkowane do wewnątrz, na własne emocje i potrzeby, lub na zewnątrz, czyli na ludzi, zdarzenia i sprawy wykraczające poza nasze własne ja. Tylko ten, kto jest w stanie rozpoznać różne punkty widzenia i dostrzec inne perspektywy, kto potrafi sprawnie poruszać się w różnych przestrzeniach mentalnych, będzie uważnym człowiekiem lub dobrym partnerem do rozmowy. Zainteresowanie prowadzi do pogłębienia procesów interpersonalnych, do intensyfikacji naszych uczuć, do jasności osądu i w końcu do odnalezienia sensu.

PIERWSZY KROK NA DRABINIE HIERARCHII – UWAŻNOŚĆ

Wszystko, co dziś określamy coraz częściej używanym pojęciem uważności, należy, jako podstawowy warunek jakiejkolwiek formy szacunku, umiejscowić o stopień wyżej niż sama uwaga. Od kilku lat termin „uważność" wydaje się modnym tematem w życiu społecznym i w terapii. I rzeczywiście badania psychologiczne, pedagogiczne, a także te z zakresu nauk społecznych czy neuronauki od jakiegoś czasu intensywniej skupiają się na uważności. W ich centrum stoi dynamiczne uchwycenie chwili obecnej. Badania te przyniosły ważne informacje dotyczące znaczenia szacunku.

Szczególna forma uwagi

Uważność, w języku angielskim *mindfulness*, jest definiowana jako świadome skierowanie uwagi na chwilę obecną. Poprzez wrażliwe i świadome postrzeganie własnych uczuć i myśli możemy się od nich oderwać i bez uprzedzeń, w niewartościujący sposób obserwować sytuację tu i teraz. „Zawsze pamiętaj o tym, że jest tylko jeden ważny moment: dziś. Tutaj. Teraz". Tymi słowy rosyjski pisarz Lew Tołstoj streścił myśl, która później stała się podstawą osobnego kierunku psychoterapeutycznego.

Uważność jest ukierunkowaną do wnętrza intensywną formą uwagi, którą charakteryzuje akceptująca postawa w stosunku do samego siebie oraz całościowa aprobata własnej osoby. W ten sposób jesteśmy świadomi swojego życia wewnętrznego z uwzględnieniem stale zachodzących w nim przemian w uczuciach i myślach. Nabyte dzięki temu doświadczenie możemy następnie przenosić na inne osoby i sytuacje. Tak przebiegający proces ma kluczowe znaczenie dla wykształcenia w sobie uważności. Bywa tak, że człowiek dopiero w sytuacji ekstremalnej, w kryzysach, chorobach czy w obliczu śmierci, jest zdolny do wykazania się prawdziwą uważnością.

Uważność w buddyzmie, chrześcijaństwie i psychologii

Pierwotnie idea uważności pochodzi z buddyzmu, który postrzega ją jako „nieoceniające rozważanie wszystkich spostrzeżeń" i zaleca ćwiczenie uważności w czterech obszarach: na płaszczyźnie cielesnej, w przypadku wszystkich reakcji uczuciowych, w różnych stanach umysłu i spotkaniach z przyrodą. Twórca buddyzmu Siddharta Gautama tak opisuje istotę uważności: „To, co widzimy, ma pozostać tylko tym, co widzimy, to, co słyszymy, tylko tym, co słyszymy, to, co odbieramy pozostałymi trzema zmysłami, tylko tym, co obieramy, a to, co rozpoznajemy, tylko tym, co rozpoznajemy".

Uważność nie tylko jest fundamentem wszystkich buddyjskich praktyk medytacyjnych, ale ma też wiele wspólnego z rozwijaną w zachodniej mistyce kontemplacją, czyli duchowym zagłębieniem się w siebie. Przez intensywną kontemplację mistycy i mistyczki – jak na przykład Mistrz Eckhart i Hildegarda z Bingen – chcieli otworzyć się na to, co boskie. „Intensywne rozważanie", jak brzmi dosłowne tłumaczenie łacińskiego słowa „*contemplatio*", ma umożliwić pogłębione rozmyślania na tematy duchowe. Od czasów wczesnego chrześcijaństwa kontemplacja jest uważana za istotny element pobożnego życia i mocno zakorzeniona szczególnie w katolickim i prawosławnym monastycyzmie.

Podczas gdy w buddyjskim rozumieniu uważności podkreśla się bierne, nieoceniające odbieranie rzeczywistości, w psychologii postrzega się uważność jako dążenie do świadomego zatrzymania się między postrzeganiem a reakcją. W ten sposób należy uświadomić sobie własne potrzeby i pragnienia, rozpoznać zniekształcenia percepcji i odkryć mechanizmy obronne. Dzięki takiemu rodzajowi uważności możemy łatwiej zmienić perspektywę i przyjąć punkt widzenia innych ludzi. Badaczka uważności Nina Buchheld wyodrębnia cztery czynniki, które składają się na uważność:

1. Obecna, skupiona na własnym ciele uwaga, która umożliwia branie udziału w doświadczeniach danej chwili.
2. Otwarte przyjmowanie i nieoceniająca akceptacja przeżywanych uczuć i myśli, co pozwala na akceptację własnej osoby i szacunek do niej.
3. Przyjmowanie wszystkich uczuć, również tych negatywnych, by czerpane z nich doświadczenie umieć przenosić także na innych ludzi.

4. Świadomość własnego życia wewnętrznego, która pozwala na zrozumienie uczuć, procesów myślowych i motywów działań.

Ściśle powiązana z uważnością jest uwaga ukierunkowana na samego siebie, czyli na własny świat wewnętrzny, oraz autorefleksja. Podczas gdy w odniesieniu do uważności na swoją osobę w centrum stoją własne oceny, nastroje i postawy, autorefleksja oznacza konfrontowanie się w myślach z własnymi reakcjami na dane przeżycia. Tak jak w wewnętrznym procesie uczenia się, podczas autorefleksji analizujemy różne problemy i ich znaczenie dla nas, aby czerpać z nowych doświadczeń i móc zmienić własne zachowanie. Z tego względu w psychoanalizie uważność jest postrzegana jako działanie przeciwstawne do wyparcia i zaprzeczenia.

Przeciwieństwem uważności są bezmyślność i nieuważność. Ponieważ bezmyślność nie jest niczym innym jak nieobieraniem alternatywnych punktów widzenia lub niedopuszczaniem nowych, nie sposób jej połączyć z szacunkiem. Nieuważność najtrafniej można zinterpretować jako mechanizm obronny, który służy temu, by unikać konfrontacji z własnymi emocjami i motywacjami.

Zarówno bezmyślność, jak i nieuważność są bardziej intuicyjne niż czynnie ukierunkowana uważność. Być może kryzys szacunku w naszych czasach wiąże się również z pewną bezmyślnością pojawiającą się w przesiąkniętym stresem i przeładowanym bodźcami środowisku życia. Gdy brakuje uważności, prawdziwy szacunek nie jest możliwy.

”

GDY NASZA UWAŻNOŚĆ NIE JEST SKIEROWANA NA WSZYSTKIE OBSZARY RZECZYWISTOŚCI, NIE JESTEŚMY W STANIE W PEŁNI POSTRZEGAĆ OTOCZENIA I LUDZI WOKÓŁ NAS WE WSZYSTKICH ICH PRZEJAWACH, A CO ZA TYM IDZIE, SZANOWAĆ ICH.

DOCENIAĆ WARTOŚĆ INNYCH – RESPEKT LUB UZNANIE

Respekt jest szczególną podkategorią szacunku, którą najlepiej zdefiniować jako „aprobujące uznanie wartości". Pojęcie to pochodzi od łacińskiego *„respectio"*, które oznacza spojrzenie w tył. Dosłowne tłumaczenie, „ponowne spojrzenie", odnosi się do rozważenia na nowo i dokładnej oceny nowego wrażenia, pozwalającego na skorygowanie pobieżności i powierzchowności pierwszego spojrzenia. Dopiero po krytycznym zweryfikowaniu pierwotnego osądu dochodzi się do oceny opierającej się na uznaniu, a tym samym do respektu.

Respekt może odnosić się ogólnie do godności człowieka, do poszczególnych jego cech lub praw i wartości, celów i planów życiowych. Okazuje się go innym osobom, grupom, narodom, instytucjom, religiom i kulturom, a także zjawiskom przyrodniczym czy określonym zdarzeniom. Respekt przejawia się w uznaniu, ale również w ostrożności w stosunku do innych lub lęku przed autorytetami. Zgodnie z uznaną, choć bardzo skomplikowaną definicją Respect Research Group z uniwersytetu w Hamburgu respekt definiuje się jako „postawę człowieka wobec innego człowieka, dzięki której dopatruje się on w tym drugim powodu, który sam w sobie uzasadnia zauważanie go i takie zachowanie, by przez reakcję pojawiło się w tym drugim uczucie, że jego znaczenie i wartości są dostrzegane lub akceptowane"[8].

Respekt zawsze opiera się na tolerancji, to znaczy na odnoszeniu się z wyrozumiałością do cudzych przekonań, wartości i stylu życia. Bez gotowości do zmiany postrzegania, bez autorefleksji i bez kontroli własnych emocji – innymi słowy, bez uwagi i uważności – postawa oparta na szacunku nie jest możliwa.

Różne rodzaje respektu

W najnowszych badaniach rozróżnia się dwa główne rodzaje respektu:

- **Respekt oparty na uznaniu** – okazywany innym ludziom ze względu na samo ich człowieczeństwo. Nie można go wobec tego relatywizować ani stopniować. Respekt oparty na uznaniu z reguły nakłada obowiązki na osobę go okazującą, na przykład docenianie osiągnięć bądź kultury innego narodu.
- **Respekt oparty na szacunku** – ten rodzaj respektu charakteryzuje się życzliwą postawą wobec innych. Inaczej niż w pierwszym przypadku, możliwe jest tu różnicowanie, to znaczy jednym ludziom możemy okazywać większy szacunek niż innym, dlatego tę formę można nazwać również respektem opartym na ocenie.

Ponadto w nauce mówi się również o respekcie związanym z pozycją, którym jest się obdarzanym wyłącznie z powodu zajmowanej pozycji lub stanowiska. Podobny do niego jest respekt związany z instytucją – w tym przypadku szanuje się nie samą osobę, tylko stojącą za nią instytucję (organizację, partię, Kościół itp.). Te formy respektu są coraz rzadsze, przynajmniej od czasów rewolucji 1968 roku.

Szczególnymi formami respektu są nabożność i cześć. Pierwotnie mianem nabożności określano sumienność wobec Boga i człowieka. Zachowanie pozbawione nabożności, czyli świętokradcze, jest uważane za szczególnie naganne, ponieważ głęboko obraża wrażliwość obyczajową i religijną, wartości moralne i najgłębsze wartości osobiste. Często ludziom postępującym świętokradczo chodzi o demonstracyjne łamanie tabu i prowokacyjne naruszanie wartości kulturowych. Klasycznym przykładem jest bezczeszczenie grobów lub, jak podano na przykład w raporcie getyńskiej gazety „Göttinger Tageblatt", świętokradcze prowokowanie instytucji muzułmańskich.

ŚWIĘTOKRADCZA PROWOKACJA

Zarząd tureckiego meczetu należącego do Turecko-Islamskiej Unii Instytucji Religijnych w Niemczech (DITIB) wyraził zaniepokojenie po tym, jak na budynkach muzułmańskich instytucji w Getyndze pojawiły się islamofobiczne bazgroły. Getyńscy muzułmanie coraz bardziej obawiają się ksenofobicznych i antyislamskich nastrojów. Już wcześniej znaleziono w meczecie sąsiedniej gminy odrąbaną zakrwawioną głowę świni ze swastyką – czytamy w doniesieniu. W przeszłości meczet należący do DITIB był już kilkakrotnie obrzucany kamieniami, otrzymywano także listy z pogróżkami. Na drzwiach wejściowych została wyryta swastyka. Z tego powodu prowadzi się obecnie monitoring wizyjny. Jednocześnie gmina podjęła wysiłki w celu wsparcia procesu integracji i zadbania o współżycie oparte na zrozumieniu i pozbawione uprzedzeń.

Również ze sfery religijnej wywodzi się uwznioślona forma respektu, czyli cześć, uchodząca za jedno ze szlachetniejszych uczuć. Ta wiążąca się z lękiem forma podziwu jest okazywana wszystkiemu, co wzniosłe, a zwłaszcza siłom boskim, duchowym i świeckim, a także nauce i sztuce czy Kościołowi i państwu.

Znaczenie czci jako jednej z wyższych form szacunku widać w wielu pismach religijnych, naukowych i literackich. Wspomniana jest ona również w czwartym przykazaniu: „Czcij ojca twego i matkę twoją..." (Wj 20, 12), które należy rozumieć jako formę czci. W Koranie (sura 22, 37) napisano: „Nie dosięgnie Boga ani ich mięso, ani ich krew, lecz dosięgnie Go wasza bogobojność". Johann Wolfgang von Goethe w czci wobec przyrody, bliźnich i Boga upatrywał wręcz istoty świata. Nawet tak racjonalnie myślący naukowiec jak Albert Einstein powiedział: „Kto nie potrafi się dziwić i zatracił cześć, już jest martwy duchowo".

Respekt na płaszczyźnie międzyludzkiej

Na poziomie relacji respekt jest czynnikiem regulującym, który ogranicza nieprzewidywalne zachowania, gwarantuje uważność w komunikacji i zapewnia równowagę pomiędzy dawaniem i braniem. Respekt wobec drugiej osoby może okazać się również konieczny, jeśli domagamy się respektu wobec samych siebie. Wówczas służy on naszej ochronie, podnoszeniu poczucia własnej wartości czy wzmacnianiu sił.

Respekt często nie jest bezpośrednio wymagany czy werbalizowany – ewidentnie mamy zbyt duży respekt przed respektem. Wyrażamy go raczej w sposób pośredni, poprzez balansowanie między bliskością a dystansem. Dzięki mowie zależnej i ostrożnym aluzjom można uniknąć nieuprzejmości i obnażania się. Jednocześnie w ten sposób chroni się własną bezbronność i unika się konieczności brania bezpośredniej odpowiedzialności za swoje wypowiedzi. Popularna jest także językowa autodeprecjacja, którą należy rozumieć nie tylko jako „łowienie komplementów", ale także jako próbę zasygnalizowania potrzeby szacunku. W ten sposób wzmacnia się siłę sprawczą rozmówcy, przez co osoba zainteresowana nie musi się obawiać utraty twarzy czy kontroli.

Ostatecznie wszystkie rytuały są szczególną, sztywną formą okazywania respektu, która pozwala uniknąć zbytniego osłaniania się. Jako akty symboliczne (takie jak znak krzyża czy ukłon) wywodzące się z pradawnych tradycji i wykonywane według z góry ustalonych reguł zapewniają one konieczny szacunek wobec innych ludzi, obyczajów, państwa czy religii, a jednocześnie dają oparcie i poczucie orientacji w życiu.

Brak respektu często jest nazywany prawem młodości i kojarzony z oryginalnością, zadziornością i śmiałością. Lekceważące zachowanie nieraz postrzega się jako powiew świeżości, który zrywa z tradycją, przezwycięża uprzedzenia i otwiera nowe perspektywy. Jednak postępowanie pozbawione respektu staje się często przyczyną nieprzyjemności i prowadzi do konfliktów, a czasem do obrazy i zranień. Obok lekceważenia pogarda i resentyment są przeciwieństwami respektu i postawami czysto destrukcyjnymi.

POZYTYWNY FEEDBACK – AKCEPTACJA

„Akceptacja jest nadzwyczajną rzeczą, ponieważ sprawia, że to, co u innych jest wspaniałe, należy również do nas". Te słowa francuskiego filozofa Woltera wyrażają duże podobieństwo między pojęciami akceptacji i szacunku. Szacunek jest jednak czymś więcej niż akceptacją, charakteryzuje się większą życzliwością i bardziej całościowym spojrzeniem na drugiego człowieka niż cechująca się neutralnością i zdystansowaniem akceptacja. Jeśli na przykład w polityce uznaje się zwycięstwo konkurenta lub w zawodach sportowych dokonania przeciwnika, nie oznacza to jeszcze, że traktuje się rywala z szacunkiem. Akceptacja stanowi jednak warunek prawdziwego szacunku i podobnie jak on należy do podstawowych potrzeb psychicznych człowieka. Służy zachowaniu i wspieraniu poczucia własnej wartości i jest podstawą wszystkich form współżycia, czy to w związku, czy w rodzinie, w szkole, w życiu zawodowym, w przyjaźni i społeczeństwie. Brak akceptacji wyklucza

”

AKCEPTACJA JAKO WAŻNE POZYTYWNE WZMOCNIENIE OBEJMUJE ZNAJDUJĄCE SIĘ PONIŻEJ NIEJ STOPNIE SZACUNKU, CZYLI UWAGĘ, UWAŻNOŚĆ I RESPEKT.

budowanie poczucia własnej wartości, utrzymywanie relacji opartych na lojalności i możliwość uczestniczenia w wielu konstruktywnych procesach społecznych.

Filozof Johann Gottlieb Fichte w swoim dziele *Podstawy prawa naturalnego*... usystematyzował pojęcie akceptacji i opisał jej podwójne działanie: „We wzajemnym wezwaniu do swobodnego działania i w ograniczeniu własnego obszaru działania na rzecz drugiego kształtuje się zarówno świadomość indywidualna, jak i wspólna – jedno nie istnieje bez drugiego".

W terapii behawioralnej akceptacja jest uznawana za jeden z najskuteczniejszych czynników wzmacniających. W koncepcji kompetencji emocjonalnych czy inteligencji emocjonalnej akceptacja jako pozytywne wzmocnienie odgrywa główną rolę. Pod tym pojęciem rozumiemy każde działanie, które sygnalizuje innym ludziom, że są dostrzegani.

Amerykański psycholog Steven Reiss za podstawową motywację życiową uznaje akceptację, która lepiej wyjaśnia osobowość i zachowanie człowieka niż – jak ma to miejsce w rozumieniu psychoanalitycznym – wczesnodziecięce doświadczenia. Wśród sformułowanych przez Reissa uniwersalnych podstawowych potrzeb akceptacja znajduje się na pierwszym miejscu.

- **Akceptacja:** potrzeba unikania krytyki i odrzucenia.
- **Relacje:** potrzeba utrzymywania kontaktów i przyjaźni.
- **Godność:** potrzeba postępowania w sposób moralny.

- **Eros:** potrzeba seksualności.
- **Jedzenie:** potrzeba pożywienia.
- **Rodzina:** potrzeba wychowywania dzieci.
- **Idealizm:** potrzeba sprawiedliwości społecznej.
- **Aktywność fizyczna:** potrzeba ruchu.
- **Władza:** potrzeba przewodniczenia innym i osiągania wyznaczonych celów.
- **Ciekawość:** potrzeba ciągłej nauki.
- **Porządek:** potrzeba równowagi i struktury.
- **Zemsta:** potrzeba mierzenia się z innymi.
- **Spokój emocjonalny:** potrzeba stabilności.
- **Oszczędność:** potrzeba gromadzenia i przechowywania.
- **Status:** potrzeba prestiżu.
- **Niezależność:** potrzeba samodzielności.

Ogromne znaczenie akceptacji potwierdziły również wyniki badań mózgu. „Nasz mózg pragnie akceptacji" – twierdzi niemiecki profesor psychiatrii Joachim Bauer. Pochwała i akceptacja uruchamiają w mózgu podobne procesy jak w przypadku przyjmowania narkotyków, które powodują między innymi wzmożony wyrzut neuroprzekaźnika dopaminy. Dzięki niemu aktywuje się tak zwany układ nagrody, co prowadzi do odczuwanych sprzężeń zwrotnych jako przyjemnych.

Jako że dopamina zwiększa produkcję endogennych opiatów oraz oksytocyny, zwanej „hormonem przytulania" (patrz również strona 38), akceptacja powoduje rodzaj uczucia szczęścia, co można wykazać również na płaszczyźnie biologicznej.

PUNKT CENTRALNY PIRAMIDY: SZACUNEK

W piramidzie przedstawionej na stronie 91 szacunek znajduje się na piątym miejscu. Oznacza to, że zawiera on w sobie wszystkie opisane wyżej stopnie. Jeśli wykazujemy się uwagą i uważnością wobec innych, a przy tym okazujemy im respekt i akceptację, traktujemy innych ludzi z szacunkiem. W tym znaczeniu szacunek stanowi punkt końcowy, a jednocześnie jest warunkiem dla kolejnych dwóch stopni piramidy. Z jednej strony stopnie te bez szacunku nie mogą zaistnieć, z drugiej strony go przekraczają. Szacunek możemy okazywać każdemu z osobna i całej ludzkości, a także zwierzętom i całej przyrodzie. Zaufanie i miłość są, jak już wspomniałem, zarezerwowane dla nielicznych osób.

ZAUFANIE – WAŻNY ELEMENT WSPÓŁŻYCIA Z INNYMI

„Największy honor, jaki można okazać człowiekowi, to móc mu zaufać" – tak poeta Matthias Claudius złożył hołd tej wyższej formie szacunku. Przypisuje on zaufaniu tak wysoką pozycję w hierarchii, ponieważ miłość (patrz strona 112–113), która w psychologicznym rozumieniu zajmuje najwyższe miejsce w relacjach międzyludzkich, przyporządkowuje do innej kategorii, nie postrzega jej więc jako okazywania szacunku.

Choć zaufanie uchodzi za jedną z najważniejszych wartości we współżyciu z innymi ludźmi, a pojęcia tego często używamy w codziennym życiu, podobnie jak w przypadku innych składowych szacunku nie istnieje dla tej wartości żadna ugruntowana definicja. Zaufanie opisywane jest jako uczucie autentyczności i szczerości myślenia, odczuwania i działania w stosunku do innych ludzi. Różne dyscypliny naukowe zajmujące się tym tematem rozróżniają zasadniczo zaufanie interpersonalne, zaufanie w stosunku do systemu i zaufanie do własnej osoby. Ponadto mówią o ogólnym, niespecyficznym zaufaniu.

Podczas gdy zaufanie interpersonalne odnosi się do innych ludzi, zaufanie do systemu jest ukierunkowane na procesy polityczne, społeczne i gospodarcze, natomiast zaufanie do samego siebie dotyczy własnych umiejętności. Pojęcie zaufania obejmuje zawsze nadzieję, życzliwą postawę oczekiwania i ukierunkowanie na przyszłość, ale także niepewność i ryzyko. „Zaufanie to chęć pokazania swojej wrażliwości" – to powiedzenie pokazuje, że zaufanie oznacza zarówno ryzyko, jak i życzliwe oczekiwanie zawarte w chęci. Natomiast ufność pomija elementy ryzyka, a w przypadku nadziei ryzyko leży poza obszarem wpływu danej osoby. Z kolei wiara w innych już na wstępie przypisuje drugiej osobie kompetencje, zanim przekaże się jej odpowiednie zadanie.

Liczne badania wykazały, że osoby ufne są bardziej odporne na stres niż ludzie podejrzliwi, czują się zdrowsze i cieszą się wyższą średnią długością

”

ZAUFANIE
MA POZYTYWNY WPŁYW
NA ZDROWIE, RELACJE
I ŚRODOWISKO PRACY.

życia. W miejscu pracy zaufanie do firmy, kierownictwa i współpracowników wyraźnie zwiększa zadowolenie wszystkich pracowników. Nawet w Chinach, gospodarczym supermocarstwie, gdzie efektywność stoi ponad wszystkim, dostrzeżono taki związek. Zgodnie z badaniami psychologów gospodarki Halliwella i Huanga z 2011 roku wzrost zaufania do kierownictwa o 10 procent ma taki sam wpływ na zadowolenie z życia pracowników jak podwyżka płac o 30 procent.

Zaufanie jest do pewnego stopnia uwarunkowane genetycznie, a wypływają na nie różne czynności mózgu. Jądro migdałowate, odpowiedzialne za regulację lęku, u osób łatwowiernych wykazuje ograniczoną aktywność. Ludzie, którzy mają uszkodzone jądro migdałowate, prawie nie są w stanie dobrze odczytywać z rysów twarzy, czy ktoś jest godny zaufania, dlatego często padają ofiarą oszustw. Szczególny wpływ na kształtowanie się zaufania ma oksytocyna – hormon, który nie tylko wzmacnia więź między matką i dzieckiem, ale też sprawia, że stajemy się bardziej ufni. W przeciwieństwie do oksytocyny testosteron, męski hormon płciowy, ma działanie wyraźnie ograniczające budowanie zaufania.

Z praktycznego punktu widzenia cenne są opracowane w 2013 roku przez niemiecką naukowiec Ann-Kristin Achleitner zalecenia dotyczące budowania zaufania w firmie[9], które można również przenieść na płaszczyznę związku, rodziny, szkoły lub stowarzyszeń:

- Pojedynczy przypadek nadużycia zaufania nie powinien być niepotrzebnie wyolbrzymiany.
- Bardzo istotne są wzajemne poznanie się i zżycie ze sobą.
- Przejrzystość jest niezbędna, nie należy jej jednak wymagać w przesadnym stopniu.
- Kredyt zaufania jest warunkiem pojawienia się zaufania.
- Aby zbudować zaufanie, potrzebne są co najmniej dwie osoby.

NAJWYŻSZA FORMA ZAUFANIA – MIŁOŚĆ

Niewątpliwie miłość stanowi najwyższą, najszlachetniejszą i najczystszą, ale i najtrudniejszą do osiągnięcia formę szacunku. Jednak opisanie pojęcia miłości jest prawie niemożliwe, ponieważ jest ona jednym z najbardziej złożonych zjawisk, jakie istnieją. Podczas gdy miłość przez stulecia rozpatrywano pod kątem romantycznym, partnerskim i seksualnym, współcześnie badania dotyczące miłości skupiają się bardziej na związku miłości z troską i przywiązaniem. Z psychologicznego punktu widzenia miłość interpretowana jest w pierwszej kolejności jako emocja, ale również jako proces umysłowy (poznawczy), a ostatnio jako zjawisko biologiczne, którego funkcją w kontekście ewolucji jest zwiększenie sukcesu reprodukcyjnego. Z badań nad mózgiem wynika, że miłość pojawia się wówczas, gdy zostaną pobudzone określone obszary w mózgu.

Nurty badawcze bardziej ukierunkowane na psychologię społeczną traktują miłość zgodnie z trójczynnikową jej koncepcją jako wzajemne oddziaływanie namiętności, intymności i zaangażowania. Zgodnie z podejściem kognitywnym miłość można podzielić na sześć różnych stylów. Miłość może być:

- romantyczna,
- swobodna,
- przyjacielska,
- pragmatyczna,
- zaborcza,
- altruistyczna.

Miłość jako jedno z najbardziej fascynujących zjawisk i najgłębsza ludzka potrzeba oraz cel wszelkich tęsknot obejmuje aspekty biologiczne, emocjonalne i poznawcze. Jest czymś więcej niż szacunek, ale bez niego nie jest możliwa.

SZACUNEK WCZORAJ I DZIŚ

Skoro mamy obecnie do czynienia z kryzysem szacunku w naszym społeczeństwie i konieczne jest odrodzenie się kultury szacunku, oznacza to, że kiedyś mogło być inaczej i już dawniej myśliciele zajmowali się problemem jego kryzysu. Dlatego też nie zaskakuje fakt, że część odkryć, które znamy z aktualnych badań, można w zasadzie odnaleźć we wcześniejszych słowach i mądrościach. Tak na przykład wiele z przestawionych faktów dotyczących części składowych i stopni szacunku, z miłością włącznie, znacznie trafniej i zwięźlej opisał już późnośredniowieczny teolog i filozof Eckehart von Hochheim, zwany Mistrzem Eckhartem. W kilku słowach zawarł on znaczenie uważności, opartego na szacunku traktowania innych i miłości: „Najważniejszą godziną jest zawsze obecna chwila, najważniejszą osobą jest zawsze ta, która właśnie przed tobą stoi, a najpotrzebniejszym dziełem zawsze jest miłość”.

PRZECIWIEŃSTWO SZACUNKU

Zapisuj zniewagi w pyle,
a dobrodziejstwa w marmurze!
BENJAMIN FRANKLIN

Klasycznym przeciwieństwem szacunku są w naszym świecie uczuć wszelkiego rodzaju obrazy, zniewagi i zranienia psychiczne. Podczas gdy pochwała i akceptacja wywołują pozytywne emocje, takie jak zadowolenie, radość i dumę, poczucie upokorzenia, które jest zdominowane przez przygnębienie, natrętne myśli i dręczące zwątpienie, odbieramy niemal jako ich przeciwieństwo. Byłoby jednak zbytnim uproszczeniem zdefiniowanie szacunku jedynie jako przeciwieństwa obrazy. Na tę ostatnią składa się z jednej strony proces społeczny, interakcja między osobą obrażającą a obrażaną, a z drugiej rzeczywista treść obrazy, tak zwane przesłanie obrazy. Szacunek jest natomiast nastawieniem zakorzenionym w osobowości, postawą, która cechuje charakter.

Obrazę i szacunek mimo wszystkich różnic i sprzeczności łączy wiele wspólnych cech. Jedno i drugie jest stosunkowo mało spektakularnym zjawiskiem psychicznym, nieobjawiającym się w dramatyczny sposób. Wbrew swojej niepozorności mogą mieć jednak ogromną moc psychiczną, obraza – oddziałującą negatywnie, a szacunek – pozytywnie. Zarówno obraza, jak i szacunek stanowią tabu i niejednokrotnie są wypierane. Ani szacunek, ani obraza nie mają zadowalającej definicji naukowej czy koncepcji psychologicznej. Obydwa zjawiska są jako problem zbyt mało uwzględniane w życiu społecznym i nie są dostatecznie zakorzenione w psychoterapii.

ISTOTA OBRAZY

„Obraza niszczy zdrowie, a zniewaga powoduje cierpienie" – tak brzmi znane od średniowiecza powiedzenie, które pokazuje związek między obciążeniem psychicznym i występowaniem chorób, a tym samym wyraża myśl przewodnią medycyny psychosomatycznej. W dzisiejszych czasach przemilcza się lub zwyczajnie ignoruje fakt, że obraza i pokrewna jej zniewaga są powodem wielu ludzkich problemów.

Liczne sondaże wykazały, że brak szacunku zalicza się do najczęstszych i najbardziej skutecznych form obrazy.

”

NIEPRAWDOPODOBNĄ SIŁĘ, JAKĄ MOŻE MIEĆ OBRAZA NA PŁASZCZYŹNIE SPOŁECZNEJ, NIE PRZESADZAJĄC, MOŻNA STREŚCIĆ W NASTĘPUJĄCYCH SŁOWACH: „OBRAZA POWODUJE CHOROBY, PROWADZI DO KRYZYSÓW, A NAWET MOŻE BYĆ PRZYCZYNĄ PRZESTĘPCZOŚCI I WOJEN”.

Z tego względu, zajmując się respektem i akceptacją, nie można pominąć kwestii obrazy. Bez znajomości istoty, przejawów i sposobów kształtowania się obrazy w zasadzie nie można odnosić się do innych z szacunkiem. Jeśli kontakty międzyludzkie, bez względu na ich rodzaj, mają przebiegać pod znakiem wzajemnego szacunku, wszystkie osoby w nich uczestniczące muszą zdawać sobie sprawę, kiedy ich wypowiedź czy zachowanie może być obraźliwe i gdzie leżą granice obraźliwości u rozmówcy. Nie jest to łatwy proces i wymaga empatii, ostrożności i szczególnej wrażliwości komunikacyjnej.

Podczas gdy każdy uświadamia sobie i łatwo rozpoznaje skutki wyzwisk, nagany, obelg i destruktywnej krytyki czy jawnej deprecjacji, obraza pojawia się podskórnie. Jej oddziaływanie ma podłoże psychologiczne i dotyczy przede wszystkim wewnętrznych procesów psychicznych. Obrazę trudno ująć w słowa, rzadko się o niej mówi, chyba że w ramach terapii, natomiast jej skutki są bardzo często lekceważone. To właśnie wyparcie i tabuizacja są powodem, dla którego obraza nie jest wystarczająco poważnie traktowana przez innych, a przez osobę nią dotkniętą najczęściej nie jest werbalizowana, a wręcz bywa nieuświadomiona.

Rzekome drobnostki o ogromnej sile destrukcyjnej

Do istoty obrazy należy rozdźwięk między subiektywnie pojmowanym olbrzymim jej znaczeniem dla osoby nią dotkniętej a obiektywną oceną sytuacji przez osoby postronne. Z tego powodu większość ludzi, którzy doznali obrazy, krępuje się o niej mówić. Nie chcą uchodzić za słabeuszy, pokazywać, jak pozorne drobnostki bardzo ich dotknęły, i się ośmieszać. Każdy ma opory przed ujawnianiem wewnętrznych problemów i wrażliwych punktów. Gdy doznane obrazy są przemilczane i wyparte, dochodzi do wykształcenia się „środowiska psychicznego", w którym mogą się one intensyfikować. Obrazy rozrastają się na gruncie nieprzejrzystości, wyparcia i tabuizacji. Gromadzą się przez długi czas za starannie pielęgnowaną, czasem sprawiającą wrażenie pedantycznej, zewnętrzną fasadą, by w końcu, często w konsekwencji raczej drobnego zdarzenia, dopiero po kilku miesiącach lub latach, znaleźć ujście. Można to porównać do znanego z teorii chaosu procesu, zgodnie z którym uderzenie skrzydła motyla w Amazonii przy określonych warunkach może po kilku tygodniach wywołać cyklon w Teksasie.

Tak jak szacunek wywołuje i utrzymuje życzliwą i wspierającą atmosferę, tak obraza mimo swojej niepozorności jest źródłem ogromnej siły destrukcyjnej. Porównywalnie do rozprzestrzeniającego się pod nienaruszoną skórą, prawie niedostrzegalnego z zewnątrz stanu zapalnego, obrazy mogą stać się przyczyną kryzysów, zaburzeń neurotycznych, dolegliwości psychosomatycznych i depresyjnych stanów wyczerpania, rozpadu związków i rodzin, konfliktów w miejscu pracy, kłótni w środowisku zawodowym, a nawet konfliktów zbrojnych i wojen. Jednak dla ludzi z zewnątrz obraza najczęściej pozostaje niewidoczna za tak dziś lubianą maską swobodnego stylu bycia. Osoba, która doznała obrazy i żyje w ciągłym stresie psychicznym, czuje się jak wulkan przed wybuchem – w środku szale frustracja, złość, agresja i wściekłość, na zewnątrz są one jednak tłumione i ukrywane za pozorną obojętnością. Błahy powód może zaognić nieprzepracowane problemy i doprowadzić do tak zwanej reinscenizacji dawnej obrazy. Ku zaskoczeniu otoczenia jedna kropla przelewa wówczas czarę goryczy. Osoba patrząca z zewnątrz najczęściej nie może pojąć, jak bagatelna sprawa mogła wywołać tak burzliwą reakcję.

TĘSKNOTA ZA BEZPIECZEŃSTWEM

Dwudziestosześcioletnia Rita wiodła zasadniczo niepozorne życie do czasu, gdy na klatce schodowej w miejscu pracy wybiła gołą pięścią okno i odłamkiem szkła zadała sobie rozległe rany w okolicach szyi. Mimo utraty dużej ilości krwi przeżyła. Z początku nie dało się wyjaśnić tej absolutnie autentycznej próby odebrania sobie życia. Rita nie podała żadnego motywu, nie cierpiała na żadne zaburzenie związane z ryzykiem samobójstwa, nawet nie miała depresji, a z narkotykami miała jedynie niewielkie doświadczenia. Wielokrotnie podkreślała, że zakończenie kilka miesięcy wcześniej trwającego dłuższy czas związku nie było już dla niej obciążające.

Podczas rozmów w ramach psychoterapii okazało się, że czynnikiem wyzwalającym zdarzenie było niespodziewane przydzielenie Ricie dyżuru weekendowego w pracy.

Szefowa była zdania, że skoro Rita nie ma męża i rodziny, niczego nie straci, podejmując się tego zadania. Analizy psychologiczne wykazały, że ta młoda kobieta, która zawsze pracowała sumiennie i rzetelnie, przez całe życie czuła się osamotniona. Rita opowiadała, że od dziecka ciągle była opuszczana, przez ojca po rozwodzie rodziców, potem również przez matkę, wielokrotnie przez przyjaciół i partnerów. Jej życie wewnętrzne było naznaczone lękiem przed samotnością i tęsknotą za poczuciem stabilności w związku i za rodzinnym bezpieczeństwem. Szczególnie z ostatnim rozstaniem z partnerem, wbrew pierwotnym zapewnieniom, Rita nie potrafiła się jeszcze pogodzić. Odbierane przez nią jako bezpodstawne przydzielenie pracy w „dni przeznaczone dla rodziny" drastycznie uświadomiło jej „nieszczęście życia w samotności" i pogrążyło ją w rozpaczy, o czym Rita przekonała się podczas terapii.

Obraza – deprecjonujący proces

Obraza jest, jak już podkreślałem, czymś więcej niż emocją. Analizując i opisując ją, można zauważyć, że stanowi zależność albo interakcję społeczną między trzema punktami odniesienia:

1. osobą, która obraża, czyli obrażającym lub nadawcą obrazy,
2. osobą obrażaną, czyli obrażanym albo odbiorcą obrazy,
3. treścią obrazy, tak zwanym przesłaniem obrazy.

Oddziaływaniem tych elementów na akt obrazy mogą rządzić następujące ogólne zasady:

1. Obraza zakorzeniona jest tym głębiej, im ważniejsze miejsce zajmuje osoba obrażająca w życiu osoby obrażanej. Ludzie, z którymi nie jesteśmy w bliskiej relacji lub których w ogóle nie znamy, mogą wprawdzie urazić nasz honor, ale raczej rzadko nas dotknąć do głębi. Natomiast obraza ze strony kogoś, kogo lubimy, podziwiamy lub bardzo cenimy, ma ogromne znaczenie. Na tym właśnie polega ogromny destrukcyjny potencjał obrazy w związku. Nie wiąże się ona tylko ze zgrzytami związanymi z ciągłym przebywaniem razem. Raczej ma tak silne oddziaływanie dlatego, że osoba obrażająca jest dla obrażanej bardzo ważna, jest kimś, kogo się kocha lub przynajmniej kiedyś się kochało.

2. Obraza może dotyczyć tylko tych obszarów, które stanowią czułe punkty osoby obrażanej. Na innych obszarach psychicznych obraza nie zakorzenia się i znika, nie zostawiając śladu. Takimi czułymi punktami są wartości religijne, polityczne i społeczne oraz niezagojone rany (jak w przypadku historii Rity ze stron 120–121). Szczególnie wrażliwe są sfery, w których oczekujemy szacunku. Obszary, w których dochodzi do obrazy, stanowią zatem wszystko, co jest dla nas ważne, czyli nieprzepracowane jeszcze urazy psychiczne

i czasem nie całkiem uświadomiona potrzeba życzliwego zainteresowania.

3. Każde przesłanie obrazy zawiera co najmniej jedno ziarno prawdy. Im więcej ich jest, tym boleśniejsza będzie obraza. Często jednak treść obrazy naświetla ciemny obszar, czyli coś związanego z nami lub tkwiącego w nas samych, czego sami nie dostrzegamy. Czasem pada na skrywane obszary naszego życia wewnętrznego, a wówczas nie dostrzegamy zawartego w niej ziarna prawdy. Zdarza się, że obraźliwa wypowiedź ubiera w słowa to, co w najprawdziwszym tego słowa znaczeniu jest dla nas niewypowiadalne. Gdy pozorna błahostka bardzo mocno nas irytuje, znaczy to, że niewłaściwa uwaga czy szorstki gest dotknął jakiejś traumatycznej sprawy z naszej przeszłości. Przy konstruktywnej analizie przesłania obrazy może ona stanowić cenną wskazówkę dla rozpoznania często nieuświadomionych konfliktów i punkt wyjścia do uzdrawiającego przepracowania problemu.

Bez względu na konkretnie środki użyte do obrazy dla osoby obrażanej jest ona zawsze obniżeniem lub pozbawieniem wartości. To upokorzenie może być odbierane subiektywnie, wówczas czujemy się osobiście urażeni przez obrażającego. Tak często dzieje się w związku lub w relacji rodzic–dziecko. Może to też pociągnąć za sobą kolejne kryzysy, gdy intencją osoby

”

DO OBRAZY MOŻE
DOCHODZIĆ NA
PŁASZCZYŹNIE PRYWATNEJ,
NA PRZYKŁAD W RODZINIE,
LUB W SZERSZYM
KONTEKŚCIE SPOŁECZNYM,
PRZYKŁADOWO W FIRMIE,
WSPÓLNOCIE CZY
W INTERNECIE.

obrażającej jest to, by inni tę obrazę dostrzegli. O takiej sytuacji można mówić na przykład, gdy ktoś publikuje w internecie nagie zdjęcia innej osoby bez jej wiedzy lub rozpowszechnia w firmie plotki, które szkodzą jej reputacji.

CHORY Z BRAKU SZACUNKU

Obraza, zniewaga i traumatyzacja są uznawane za przyczynę wielu zaburzeń psychicznych i ludzkich problemów, a w szczególnym stopniu dotyczy to obrazy spowodowanej brakiem szacunku, czyli ignorowaniem lub lekceważeniem. Mało co odczuwamy jako równie obraźliwe jak pozbawienie uznania, brak pochwały i niespełnione pragnienie życzliwego zainteresowania. Obraza uderza zawsze, jak już wielokrotnie wspominałem, w najgłębsze ja i silnie rozbudza nasz pierwotny lęk przed utratą miłości. Gdy brak życzliwych reakcji ze strony innych lub pojawiają się czy wzmacniają reakcje negatywne, spowodowane lekceważeniem albo obrazą, rośnie obawa przed byciem niekochanym. To z kolei siłą rzeczy prowadzi do poczucia niższości i zwątpienia w siebie, co może skutkować zaburzeniami neurotycznymi.

To tłumaczy, dlaczego brak szacunku może zapoczątkować nieprawidłowe reakcje psychosomatyczne. Ciągła walka o akceptację oznacza permanentny stres i nie chodzi tu o pozytywny eustres, który jest źródłem werwy i euforii, lecz o dystres, czyli przykrą, odbierającą siły i szkodliwą formę reakcji stresowej. Zgodnie z koncepcją psychosomatyczną „stresowe pole walki" pojawia się w organie lub układzie organów, które stają się wyrazem tego konfliktu. W przypadku braku szacunku zazwyczaj jest to organ związany z emocjami, czyli układ oddechowy, lub związany z istnieniem, czyli serce.

NIEDOCENIONY GENIUSZ

Młody mężczyzna, nazwijmy go Johannes, umawiając się telefonicznie na wizytę u mnie, stwierdził: „Jestem przegranym człowiekiem". Wielokrotnie zmieniał kierunek studiów, żadnego nie ukończywszy. Pracował w różnych miejscach, ale nigdzie nie wytrzymał zbyt długo. Związki miłosne okazywały się przelotne, stosunki z domem rodzinnym utrzymywał wyłącznie z inicjatywy bliskich, nie swojej własnej.

Siedząc naprzeciwko mnie, Johannes uskarżał się na poczucie lęku, migrenę i astmę, depresję i brak poczucia sensu życia. Od pewnego czasu sięgał systematycznie po środki uspokajające i coraz częściej po haszysz. Podsumowując, stwierdził, że stracił energię, postrzega siebie jako nieudacznika i przynosi wstyd rodzinie. Podczas badań psychiatrycznych wyłonił się obraz uzdolnionego w wielu kierunkach, niezwykle inteligentnego i dawniej niezmiernie aktywnego i kreatywnego człowieka.

W początkowych latach szkolnych był najlepszym uczniem w klasie, a przez kolegów uważany był za „małego geniusza", nie za kujona. W okresie dojrzewania z różnych

względów popadł w kryzys, a w jego obiecującym rozwoju nastąpiło drastyczne tąpnięcie.
Wśród wielu powodów tej sytuacji, które uwidoczniły się podczas terapii, Johannes zatrzymał się dłużej przy pozornie błahym epizodzie. Nauczyciel języka niemieckiego, którego bardzo cenił, pewnego dnia rozdawał poprawione klasówki, chwaląc uczniów, którzy otrzymali najlepsze oceny. Johannesowi wręczył jego pracę, która jak zwykle była najlepsza, ze słowami: „Johannesa nie można chwalić, bo popadnie w manię wielkości!".

W tej historii widać wyraźnie, że także najlepsi i geniusze nie zapewnią szacunku sami sobie. Również oni bardzo potrzebują życzliwej uwagi i akceptacji innych, by cieszyć się zdrowiem i wieść szczęśliwe życie.

Obraza jako środek nacisku

Obraza oprócz deprecjonującego charakteru i wpływu na zdrowie psychiczne i fizyczne ma jeszcze inny przejaw, mianowicie może stać się środkiem nacisku, rodzajem broni dla obrażonej osoby. Człowiek, który w zauważalny sposób odczuwa obrazę, roztacza wokół siebie „aurę bycia mu coś dłużnym". W jego obecności inni czują się w pewien sposób odpowiedzialni za jego niezadowolenie i problemy. Ponieważ bliskie osoby nie bardzo wiedzą, czym zawiniły, nie tylko wzrasta w nich poczucie niepewności, ale równocześnie gotowość do zadośćuczynienia, do przeprosin i pomocy. Daje to osobie obrażonej lub odgrywającej obrażoną duże możliwości manipulacji.

Bycie obrażonym, jak zauważył dziennikarz Jens Jessen, rzeczywiście zapewnia uprzywilejowane prawo do uwagi, zainteresowania i akceptacji. W ten sposób można wytłumaczyć zalewające dziś cały świat poczucie obrazy, wyścig o najgorszą obrazę, głód akceptacji i rywalizację o rolę ofiary czy zysk z bycia obrażanym. Obrażonej osobie przyznaje się kredyt zaufania, zarówno pod względem ekonomicznym, jak i moralnym. „Spragniony człowiek nie jest zainteresowany wodą, chce uznania swojego cierpienia" – trafnie podsumowuje sytuację Jessen. Do podobnych wniosków doszedł bośniacki pisarz Miljenko Jergović, który po wojnach bałkańskich z goryczą stwierdził: „Nie ma większej zbiorowej przyjemności dla grupy etnicznej niż żyć w roli ofiary".

Manipulacyjnej sile poczucia obrazy warto przyjrzeć się we wszystkich kontaktach międzyludzkich, które mają opierać się na szacunku i w miarę możliwości obrazie zapobiegać.

JAK NAJLEPIEJ RADZIĆ SOBIE Z OBRAZĄ

Jeśli rzeczywiście żyjemy w społeczeństwie na wskroś przesiąkniętym poczuciem obrazy, a kultura obrazy zatacza coraz szersze kręgi, rozwiązanie, albo raczej uzdrowienie sytuacji, leży jak na dłoni. Nie ma przy tym żadnego znaczenia, czy poczucie obrazy jest dziś świadomiej odbierane, czy podkreślane ze względów oportunistycznych, czy w społeczeństwie, w którym traumatyzacja zdarza się raczej rzadko, obraza zyskuje na znaczeniu lub w końcu zaczyna być po prostu traktowana poważnie. Faktem jest, że obraza stanowi ogromną siłę psychologiczną i przyczynę wielu cierpień, konfliktów i tragedii. Dlatego koniecznie trzeba jej przeciwdziałać, co jest możliwe tylko przez zniesienie tabu wokół niej i wzrost zainteresowania drugim człowiekiem, przez międzyludzką życzliwość i akceptację, a zatem przez obdarzanie innych większym szacunkiem.

Szacunek jako środek zapobiegawczy i lekarstwo

Gdyby szacunek zajmował najważniejsze miejsce w komunikacji międzyludzkiej, możliwe byłoby rozwiązywanie mnóstwa problemów i zapobieganie wielu innym. Szacunek stanowi wręcz antidotum na brak empatii, uwagi, na lekceważenie i obrazę. Dlatego zajmuje on coraz ważniejsze miejsce w nowoczesnych metodach doradczych i terapeutycznych. Już w momencie, gdy terapeuta lub coach pyta klientów czy pacjentów o doznane obrazy i pozwala im mówić o stanowiących temat tabu lękach i utajonych potrzebach, czują się oni obdarzeni szacunkiem.

Poniżej przedstawiam sposoby zachowania i reakcje sprawdzające się w przypadku doznania obrazy i pomagające ją przezwyciężyć. Pokazują one, jak można jako „ofiara" radzić sobie z wszelkiego rodzaju deprecjacją, brakiem uznania, pozbawieniem pochwał i brakiem pozytywnego feedbacku. Ważne, by wiedzieć, że choć szacunku warto się stale domagać, nie sposób go wymusić. Chodzi o to, by żyjąc w świecie, w którym szacunek ma małe znaczenie, umieć poradzić sobie z jego odczuwanym jako niesprawiedliwość brakiem. Przydać się mogą do tego następujące kroki:

WSKAZÓWKI

1. **Nabierz poczucia niezależności od aktu obrazy.** Do sytuacji, która cię obraziła, znajdź dystans, uświadamiając sobie, jakie znaczenie w twoim życiu ma nadawca obrazy, jak konkretnie brzmi przesłanie obrazy i dlaczego obraza tak silnie cię dotknęła.

2. **Zadbaj o przejrzystość sytuacji przez zwerbalizowanie problemu.** Porusz temat obrazy z jej nadawcą. Być może wcale nie ma on świadomości, że zachował się obraźliwie. Już dzięki sformułowaniu problemu obraza straci na sile.

3. **Przeanalizuj przesłanie obrazy i wyciągnij z niej wnioski.** Kontynuuj proces zapoczątkowany w punkcie 1 i złagodzony w punkcie 2. Spróbuj ustalić, jakie czułe

punkty poruszyła w tobie obraza. Dzięki takiej refleksji możesz zobiektywizować swoje emocje i nabrać do nich dystansu.

4. **Postaw się na miejscu osoby obrażającej.** Spróbuj wczuć się w swojego rozmówcę, swojego „wroga", i ustalić, jakie względy nim kierują. To nie tylko prowadzi do lepszego zrozumienia sytuacji, ale również wzmacnia twoją empatię i umiejętność okazywania szacunku.

5. **Przemyśl własne wzorce reakcji na obrazę i przezwycięż je.** Zastanów się, jak zwykle reagujesz na obrazę: złością, milczeniem, a może chęcią zemsty. Gdy uświadomisz sobie dominujące u ciebie, pojawiające się często automatycznie, wzorce reakcji, zrobisz pierwszy krok, by się od nich uwolnić. Umożliwi ci to potem bardziej świadome i zdystansowane podejście do obrazy.

6. **Uwolnij się od złych wspomnień.** Zaakceptuj rany, jakie pozostawiły w tobie doznane obrazy i zranienia, i nie rozdrapuj ich ponownie. Zostaw je za sobą, ale nie wypieraj ich. Pomoże ci w tym wypełnienie wcześniejszych punktów i uświadomienie sobie swoich mocnych stron i zdolności.

7. **Zmień perspektywę.** Nie możesz zmienić tego, co już się wydarzyło, ale możesz na nowo ocenić daną sytuację. Przykładowo z perspektywy czasu zdarzenie

może wyglądać zupełnie inaczej niż w momencie, gdy znajdujesz się w centrum wydarzeń. Także przyjrzenie się trudnościom innych może doprowadzić do zmiany oceny sytuacji. Również wcześniej opisane kroki pomagają zdystansować się emocjonalnie od doznanych zranień.

8. **Przebacz. W przypadku obrazy wybaczenie jest trudne, ale nie niemożliwe. Jeśli się jednak uda, wspomnieniu doznanego cierpienia nie będą towarzyszyły destrukcyjne uczucia, a rana nie będzie otwierać się na nowo. A jeżeli się nie uda, co jest przecież ludzkie, może pomoże ci powiedzenie: „Przebaczenie jest najlepszą zemstą!".**

Wyraźne stawianie granic jako pomocna strategia

Najważniejszą zasadą w przypadku obrazy, zniewagi i deprecjacji jest ochrona poczucia własnej wartości i zachowanie autonomii. Jeśli ze strony otoczenia można spodziewać się coraz mniej pozytywnych reakcji, trzeba zapewnić je sobie we własnym zakresie. Narcystyczne zachowanie innych ma swoje granice tam, gdzie zaczynają się granice naszej własnej osoby. Jeśli obszar suwerenności naszego ja jest jasno wytyczony i zdecydowanie strzeżony, czyli w jasny sposób wyznaczamy granice, wzmacniamy poczucie własnej wartości. Trzeba zawsze być świadomym, że zarówno obraza, jak i okazywanie bycia obrażonym nigdy nie może odbywać się kosztem innych i że każdy człowiek ma taką samą wartość i godność.

Wymienione wyżej we wskazówkach techniki konstruktywnego obchodzenia się z obrazą zawierają również strategie stawiania granic. Na przykład, postępując zgodnie z punktem 4: „Postaw się na miejscu osoby obrażającej", możesz spowodować zmianę sytuacji. Będziesz mieć wgląd w motywy rozmówcy, postawisz się na uprzywilejowanej pozycji i zyskasz „przewagę dzięki wiedzy (psychologicznej)".

Jeśli doznając obrazy, podejmiesz się szukania w niej niechybnego ziarna prawdy i się nad nim pochylisz (punkt 1 i 3), możesz zdystansować się emocjonalnie od obrazy i jej nadawcy. Chodzi wówczas o ciebie samego, nie o drugą osobę.

Szukając ziarna prawdy w obrazie, skupiasz się na sobie, podczas gdy sformułowanie sedna obrazy jest ukierunkowane na zewnątrz (punkt 2). Jeśli nie poddasz się działaniu obrazy, tylko skonfrontujesz z nią jej nadawcę, w pewien sposób przywołasz go do porządku i odzyskasz swobodę. A jeśli jeszcze spróbujesz ująć w słowa związane z obrazą trudne do uchwycenia procesy emocjonalne i wyrafinowane formy agresji, stracą one swój destrukcyjny charakter. Wytyczysz granice swoich reakcji emocjonalnych, jeśli ubierzesz w słowa to, czego pozornie na da się wypowiedzieć. Tak samo, by mogła powstać relacja oparta na szacunku, niezbędne jest zwerbalizowanie uznania i wyraźne okazanie szacunku.

”

SZCZEGÓLNIE DOJRZALI LUDZIE POTRAFIĄ DOSTRZEC WE WROGACH NAJLEPSZYCH NAUCZYCIELI, A W OBRAZIE CZY DEPRECJACJI NAJLEPSZĄ NAUKĘ.

Prawdziwa wielkość

Najszlachetniejszą i niebotycznie podnoszącą poczucie własnej wartości formą pokonywania obrazy jest przebaczenie, które zasadniczo wykracza poza sferę psychoterapii, a bardziej wkracza na obszar duchowy. Przebaczenie nie jest łatwe, wymaga przezwyciężania samego siebie i rezygnacji. Chodzi o wyrzeczenie się dalszego przypisywania winy, chęci zemsty i zadośćuczynienia. Przebaczenie wymaga również odwagi i pokory. Odwagi, ponieważ przez rezygnację z wymienionych, zrozumiałych z ludzkiego punktu widzenia reakcji może zostać zachwiane poczucie własnej wartości. Pokora pomaga natomiast nie traktować siebie tak poważnie. Przebaczenie stanowi zatem szczególną formę szacunku.

Dzięki przebaczeniu i odpuszczeniu nie tylko łagodzimy wrogość, ale i uwalniamy samych siebie od mrocznych cieni przeszłości. Jeśli uda nam się zostawić za sobą ten autodestrukcyjny proces, na który składają się złość, rozpamiętywanie, smutek i myśli o zemście, wzmocnimy własną osobowość. Staniemy się suwerenni, spokojniejsi, a być może nawet szczęśliwsi. Mahatma Gandhi, wielki indyjski mędrzec, dostrzegł wzajemne wpływanie na siebie przebaczenia i poczucia własnej wartości: „Słabi nigdy nie potrafią przebaczać. Przebaczenie jest cnotą silnych”.

JAK DZIAŁA DEPRECJACJA

Niczego nie osądza się pobieżniej niż ludzkich charakterów, a jednak w niczym nie należy być ostrożniejszym.

GEORG CHRISTOPH LICHTENBERG

W poprzednim rozdziale zajmowaliśmy się między innymi istotą i dyskredytującym charakterem obrazy. Teraz przyjrzymy się konkretnym działaniom przeciwnym do szacunku, a więc postępowaniu i sposobom zachowania, które mogą służyć do deprecjonowania i poniżania innych.

Metody i mechanizmy deprecjacji lub umniejszania innych udoskonaliły się wraz z rozwojem cywilizacji. Prymitywne formy, takie jak bicie, torturowanie, dręczenie czy inscenizacje w stylu procesów pokazowych i publicznych egzekucji, wprawdzie niestety nadal jeszcze występują na świecie, jednak w świadomych społeczeństwach coraz częściej są zastępowane psychologicznymi formami dyskredytowania i poniżania, do których należą zniesławianie, zawstydzanie, upokarzanie, wszelkie rodzaje lekceważenia aż po pogardę, cynizm i sarkazm.

Z psychoanalitycznego punktu widzenia deprecjacja to ważny mechanizm obronny, a tym samym nieświadomie przebiegający proces psychiczny, który jest wymuszany przede wszystkim przez zazdrość i ostatecznie służy uniknięciu lęku. Dyskredytowanie i poniżanie innych, zgodnie z psychologią głębi, ma za zadanie chronić i wywyższać nasze własne ja. Dewaluacja ludzi z własnego otoczenia i zazdrość to często nieuświadomione motywy wielu destrukcyjnych zachowań. Według Ottona Kernberga, uznanego w całym świecie psychiatry, przez deprecjację innych zwalczamy własną zazdrość o wszystko to, co w tych ludziach podziwiamy. Oznacza to, że oczerniając osobę, której zazdrościmy, lub dyskredytując jej dokonania czy dobytek, łatwiej znosimy własną zawiść. W tym kontekście zazdrość odgrywa zatem fundamentalną rolę.

ZAZDROŚĆ – MOTYW KAŻDEGO RODZAJU DEPRECJACJI

Zazdrość jest na wielu płaszczyznach – nie tylko tej podświadomej – nieubłaganym przeciwnikiem szacunku. Nie bez powodu w chrześcijańskim rozumieniu zazdrość zalicza się do siedmiu grzechów głównych, nazywanych nieraz grzechami śmiertelnymi, a we wszystkich kulturach uchodzi za moralnie naganną. Koran zawiera wiele wersetów ochronnych przeciwko zazdrości, która może prowadzić do nieszczęścia i śmierci. Amerykański eseista Joseph Epstein określił ją jako „najgorszy grzech śmiertelny" i jedyny, który „nie sprawia przyjemności". W rozumieniu psychologii ewolucyjnej zazdrość o pożywienie innych osobników służyła przeżyciu. W tym sensie była związana z lękiem przed niezdobyciem odpowiedniej ilości jedzenia.

Typowe dla zazdrośnika jest porównywanie się z innymi. Z tego względu później, jako przeciwieństwo nagannej i destrukcyjnej zazdrości, wyodrębniono także zazdrość konstruktywną, będącą bodźcem do osiągania sukcesów, których się innym zazdrości, a także do ich przewyższenia. W neuroekonomii, która często korzysta z metod badań nad mózgiem, potwierdzono za pomocą badań rezonansem magnetycznym, że ludzki układ nagrody jest zawsze pobudzany przez porównywanie się, a zatem przez perspektywę zazdrości. Dlatego zazdrość w konstruktywnej formie może stać się najważniejszym bodźcem społecznym i najlepszym czynnikiem motywującym w konkurencji gospodarczej.

Psychologicznego przeciwieństwa szacunku nie stanowi jednak zazdrość konstruktywna, lecz ta zawistna, destrukcyjna. Jest ona jednoznacznie ukierunkowana na zaszkodzenie osobie, której się zazdrości, i dewaluację jej osiągnięć czy reputacji. Z tego względu jest negatywną emocją, która pociąga za sobą kolejne uczucia i działania, takie jak wrogość, denuncjacja, nienawiść

”

JEŚLI W KONTAKTACH MIĘDZYLUDZKICH ZANIKA SZACUNEK, PROWADZI TO PROSTĄ DROGĄ DO SPOŁECZEŃSTWA OPARTEGO NA ZAZDROŚCI.

czy radość z cudzego nieszczęścia. Historycy upatrują w zazdrości głównej przyczyny wybuchającego wciąż na nowo antysemityzmu, który wynika z zawiści wobec tego niezwykle inteligentnego, skutecznego gospodarczo i obytego w świecie narodu.

Zazdrość zawsze wynika z poczucia niższości i własnej słabości, dlatego jest wstydliwie tajona. W głębi ducha skutkuje jednak nie tylko destrukcyjną postawą, ale także przez swoje obezwładniające i prowadzące do rozpamiętywania i stanów depresyjnych działanie osłabia wiarę we własne siły. W dalszej kolejności, jako obciążające i upokarzające uczucie, podważa zaufanie do własnej osoby, całkowicie przeciwnie do szacunku.

Zawiść jest w każdym razie nie do pogodzenia z szacunkiem. Skoro w naszym społeczeństwie obserwuje się kryzys szacunku (patrz strony 11–22), można tę sytuację wyjaśnić również coraz częściej występującym zjawiskiem zazdrości społecznej. Nie dąży się już do solidarności wszystkich członków zbiorowości, lecz poszukuje się własnej korzyści.

Zazdrość jest więc siłą napędową deprecjacji. Przyjrzyjmy się, jakie formy może przyjąć przeciwieństwo szacunku.

ANTAGONIŚCI SZACUNKU

My, ludzie, dysponujemy całą paletą narzędzi służących do obniżania lub całkowitego pozbawiania wartości innych ludzi. Zgodnie z istotą obrazy (patrz strony 116–125) służą one do przysporzenia cierpienia drugiej osobie. W najgorszych przypadkach przybierają formę psychicznego, a w konsekwencji nawet fizycznego wyniszczenia odbiorcy obrazy. Nadawca obrazy, dyskredytując drugiego człowieka, dąży, świadomie lub nie, do (od)budowania lub podtrzymania poczucia własnej wartości. Poniżej opisuję szczegółowo różne metody oraz strategie obrazy i dyskredytacji – antagonistów szacunku.

Zniesławienie

Zniesławienie polega na rozpowszechnianiu szkodzących czyjejś reputacji, dyskredytujących plotek, których zadaniem jest nękanie lub społeczne wykluczenie konkurenta albo przeciwnika politycznego. „Zniesławienie okrywa żyjących złą sławą, uwłacza wartościom innych i hańbi pamięć zmarłych" – mówi znana definicja. Współczesną formą zniesławienia jest mobbing, szczególnie cybermobbing, czyli zniesławienie przy użyciu internetu. Jako że wszelkiego rodzaju oczernianie rozgrywa się często na dalszym planie, w atmosferze anonimowości, bardzo trudno to zjawisko zwalczać.

Zawstydzenie

Zawstydzenie dotyka instynktu, obecnego również w świecie zwierząt, a mianowicie wstydu. Przez ofiarę jest odbierane jako krępujące, raniące i kompromitujące. Osobie zawstydzanej zawsze przypisywana jest wina, a wstyd i zawstydzenie wiążą się z takimi stanami, jak

”

POWIEDZENIE: „CHCIAŁBYM ZE WSTYDU ZAPAŚĆ SIĘ POD ZIEMIĘ”, POKAZUJE NISZCZĄCY CHARAKTER ZAWSTYDZENIA.

zaniepokojenie, złe samopoczucie, rozpamiętywanie i głębokie przygnębienie. Wstyd, który jako „wstyd za kogoś" można odczuwać również w zastępstwie członka rodziny, osoby o podobnych poglądach, własnej kultury czy społeczeństwa, obejmuje swoim działaniem zawsze całą osobę. Z tego powodu zawstydzanie ma skrajnie destrukcyjny charakter. Dawniej należało ono do repertuaru środków wychowawczych, gdy na przykład dziecko musiało przy wszystkich spuścić spodnie i dostawało lanie w tyłek.

Czasem związana z zawstydzeniem utrata poczucia własnej wartości prowadzi do odrzucenia samego siebie, nienawiści do własnej osoby, stanów depresyjnych, a nawet skłonności samobójczych. W Talmudzie, zbiorze tradycyjnych praw judaizmu, napisano: „Lepiej umrzeć niż zawstydzić". Angielski duchowny, historyk i pisarz Charles Kingsley w mocnych słowach ostrzegał przed niebezpieczeństwem związanym z zawstydzaniem: „Nigdy nie zawstydzaj drugiego człowieka, choćby był głupi i nieświadomy, i nie wprawiaj go w zakłopotanie, a szczególnie nigdy nie postępuj tak z dzieckiem". Mało który antagonista szacunku jest tak łatwo rozpoznawalny i skuteczny jak zawstydzanie.

Upokorzenie

Chyba najbardziej brzemienną w skutki formę obrazy stanowi upokorzenie. Zakłada ono całkowicie jednostronny rozkład sił na rzecz sprawcy i zupełną bezbronność ofiary. Upokorzenie zawsze jest wyrazem złośliwej agresji i świadomego pozbawienia godności innego człowieka, który staje się całkowicie zdany na łaskę oprawcy i absolutnie bezbronny. Klasycznym przykładem upokorzenia jest torturowanie, kiedy to ofiara jest unieruchomiona i nawet teoretycznie nie może nic zrobić.

Upokorzenie zawsze pociąga za sobą poważne konsekwencje. U jednostki go doświadczającej wywołuje zespół stresu pourazowego. W społeczeństwie może być przyczyną przemocy terrorystycznej czy nawet konfliktów zbrojnych. Jeśli sięgnąć do historii, nawet obydwie wojny światowe są dziś tłumaczone między innymi hipotezą konfliktu wynikającego z upokorzenia.

Od ignorowania do pogardy

Niezauważanie lub ignorowanie to forma deprecjacji równie mało spektakularna, co destrukcyjna. Jako subtelna przemoc psychiczna plasuje się nawet wyżej niż pogarda czy lekceważenie, chociaż nierzadko dochodzi do niej w sposób mniej intencjonalny i przy mniejszym czynnym zaangażowaniu.

Każdy chce, by zauważano jego osobowość, zachowanie i dokonania. Od tego w decydujący sposób zależy poczucie własnej wartości, samoświadomość, siła charakteru i autonomia. Jeśli człowiek nie jest zauważany, powoduje to w nim niepokój, zachwianie poczucia własnej wartości, lękliwość, wywołuje negatywne fantazje, rozpamiętywanie własnych błędów, a nawet wściekłość i chęć zemsty. Ignorowanie jest przeciwieństwem uznania i oznacza pozbawianie drugiej osoby zainteresowania, uwagi i respektu. Nie zostaje ona nawet dostrzeżona, tym bardziej nie może być więc szanowana czy ceniona. Ludzie, którzy nie są zauważani, wykształcają w sobie poczucie, że są nieważni, niedostrzegani, nielubiani, a ostatecznie, że w ogóle nie istnieją. Tak może się stać w przypadku osoby bezrobotnej.

ZERO ZAINTERESOWANIA

Rudi, poszukujący pracy, przyszedł do mnie na konsultację z powodu ciągłego zmęczenia i dręczących go lęków. Był bardzo przygnębiony i zrezygnowany. Podczas rozmowy terapeutycznej szybko doszliśmy do sedna jego problemu. „W bezrobociu najtrudniejsza do zniesienia nie jest strata finansowa ani nawet lęk o byt, ale poczucie, że się jest niepotrzebnym" – tak brzmiała gorzka konstatacja Rudiego. Po dwudziestej odmowie w końcu stwierdził zupełnie zrezygnowany: „Szczególnie poniżająca jest sytuacja, gdy nawet nie dostaję odpowiedzi na podanie o pracę. Moje problemy i troski nikogo nie interesują, nikt nie słyszy mojego wołania o pomoc. Nie jestem nic wart. Wydaje się wręcz, że nie istnieję".

W środowisku pracy ignorujące sposoby zachowania są określane jako mobbing. Metoda ta jest mało spektakularna, ale zawsze sygnalizuje lekceważenie. Jeśli ktoś przykładowo nie wita się ze współpracownikiem lub nie odpowiada na jego powitanie, nie słucha go, nie odpowiada na jego pytania, jeśli przełożony bez usprawiedliwienia nie pojawia się na spotkaniu lub podczas rozmów zespołowych demonstracyjnie pomija poszczególnych członków grupy, zawsze świadomie odmawia uwagi i zainteresowania, a tym samym szacunku.

Chociaż niezauważanie innych nie jest czynną formą przejmowania władzy nad innymi, otoczeniu nietrudno w niej rozpoznać agresywne zachowanie i odróżnić je od bezmyślności czy roztargnienia. Stojące za ignorowaniem złe zamiary nie umkną żadnemu normalnie odczuwającemu człowiekowi. Pewne przysłowie mówi: „Podążaj za swoją gwiazdą, i tylko swoją! Wówczas będziemy mogli w spokoju siedzieć w słońcu". Ten piękny obraz („podążać za swoją gwiazdą") w zestawieniu ze złośliwą radą wyraża całkowite lekceważenie w stosunku do idealisty i jego koncepcji. Zachęcając, by z pełnym zaangażowaniem podążać swoją drogą, szyderca ma na celu tylko to, by jego samego zostawić w spokoju.

Intencję dyskredytacji bardzo wyraźnie widać w pogardzie. Dawniej definiowana nieco nieporęcznie jako „uczucie mające swoje źródło w założeniu dotyczącym bezwartościowości własnej osoby (pogarda wobec siebie) lub innych ludzi (pogarda wobec innych)", dziś jest interpretowana z perspektywy psychologii emocji i socjologii. Niektórzy określają ją jako podstawowe ludzkie uczucie, inni jako mieszankę takich emocji jak złość i wstręt, jeszcze inni jako degradację w hierarchii społecznej. W ujęciu psychoanalitycznym pogarda jest narcystyczno-agresywną emocją, która może stanowić objaw ciężkich zaburzeń osobowości.

Pogarda zawsze jest ukierunkowana z góry na dół. Jako atak na ludzką godność niszczy honor i reputację słabszej osoby pogardzanej. Wywołuje to u niej złość, urazę i, słusznie bądź nie, poczucie wstydu, a często również myśli o zemście czy złość i nienawiść. „Nienawiść pragnie pogardy, a pogarda jest nektarem dla nienawiści" – powiedział francuski poeta Jules Amédée Barbey d'Aurevilly. Pogarda jest zawsze powiązana z upokorzeniem, a tym samym stanowi najbardziej brzemienną w skutkach postać obrazy i poniekąd odbiera ofiarom wszelką odwagę.

Cel i skutek pogardy najlepiej oddaje wyrażenie „ukarać pogardą". Pogarda prowadzi do konfliktów i jest wyrazem skrajnego skonfliktowania, czy to w związku, czy w grupie, w miejscu pracy czy w społeczeństwie. Oznacza wykluczenie, izolację społeczną i dewaluację emocjonalną pogardzanej osoby. Jako motto na drodze do budowania społeczeństwa opartego na szacunku powinny służyć słowa Filipa Nereusza: „Gardź pogardą!".

Cynizm i sarkazm

Cynizm i sarkazm należą do najtrudniejszych antagonistów szacunku. Tworzą atmosferę chłodu emocjonalnego, kompromitacji i lekceważenia. Jeśli osoba, do której są kierowane, nie jest błyskotliwa lub nie dysponuje sama cynicznym repertuarem, cynizm i sarkazm wywołują w niej uczucie zawstydzenia czy wręcz bezradności. Aby sobie z tym jakoś poradzić, warto

”

ZA CYNIZMEM I SARKAZMEM ZAWSZE STOI DUŻY POTENCJAŁ AGRESJI. ZAZWYCZAJ JEST ON SKIEROWANY NA ZEWNĄTRZ, W STRONĘ INNYCH LUDZI I OTOCZENIA. JAKO ŻE MOŻE JEDNAK BYĆ WYCELOWANY WE WŁASNĄ OSOBĘ, NIWECZY SZACUNEK NA WSZYSTKICH PŁASZCZYZNACH.

przeanalizować wspólne podłoże psychologiczne tych dwóch form deprecjacji i zastanowić się, jak złagodzić cyniczne igiełki i stępić sarkastyczne strzały.

Może znasz najbardziej popularny dowcip o urojonych chorobach, który jest świetnym przykładem mieszanki ironii, autoironii i cynizmu. Pielęgniarka wpada do ordynatora i woła: „Hipochondryk z pokoju 5 leży martwy w łóżku". Lekarz odpowiada na to: „Teraz to naprawdę przesadził!". Ta historia natychmiast przyszła mi do głowy, gdy z gorzkim uśmiechem otworzyłem noworoczną pocztę od cierpiącej na zaburzenia psychosomatyczne, bardzo lękowej i depresyjnej pacjentki. Na pierwszej stronie kartki widniały słowa: „Co przyniesie nam nowy rok…". W środku nie było żadnego tekstu, tylko rysunek dużej czarnej trumny. Miała ona zapewne wyrażać depresyjność pacjentki, jej lęki i poczucie beznadziei, ale w nieuświadomiony przez nią sposób chyba również agresję wobec terapeuty, który nie może jej pomóc.

Cynizm i sarkazm są lubianymi środkami wyrażania w zawoalowanej postaci deprecjacji i pogardy. W niemal perfekcyjny sposób łączą w sobie inteligencję i swobodny sposób bycia – tak dziś popularny sposób wyrażania emocji. Ze względu na swoją dwu- i wieloznaczność stanowią wyzwanie dla kilku układów psychicznych oraz dla złożonego myślenia i odczuwania. I rzeczywiście cyniczne uwagi są często dowcipne i ożywcze intelektualnie. Mają być demonstracją wykształcenia, kreatywności i oryginalności, ale równocześnie dystansu i obojętności.

Niejeden cynik wydaje się czerpać wewnętrzną rozkosz z faktu, że znów udał mu się obraźliwy komentarz. Niektórzy upajają się swoją zjadliwością, inni starają się nie okazywać żadnych reakcji emocjonalnych i tłumić wszelkie uczucia. Wielu nie potrafi dobrze gospodarować własnym cynizmem i prawie nigdy nie wychodzi ze swojej obraźliwej pozy. Inni natomiast w wyważony sposób dozują sarkastyczne sentencje i cyniczne analizy w mniej lub bardziej subtelnej formie. Wszystkich tych ludzi łączy jednak to, że nie zastanawiają się nad swoim wewnętrznym, wypartym potencjałem agresji i prawie nie zauważają, jak bardzo sami się eksponują przez destrukcyjne pozerstwo, a równocześnie obnażają swój cynizm. Pewien prominentny przedstawiciel sławnego dawniej w całym świecie wydziału medycznego Uniwersytetu Wiedeńskiego podobno chełpił się tym, że żąda szczególnie wysokiego honorarium, gdy umrze któryś z jego pacjentów: „W przeciwnym razie można by pomyśleć, że popełniłem błąd w leczeniu... no i klient ten nigdy więcej się nie pojawi".

Niejednokrotnie cynik jest również człowiekiem lękowym, który wycofuje się na pewną pozycję poniżającego komentatora. Destrukcyjna krytyka, bo tym właśnie jest cynizm, wskazuje na poczucie niższości mówcy, które ma być kompensowane kosztem innych. Ludzie sarkastyczni często również są bardzo wrażliwi i w nieoczywisty sposób lękliwi i dlatego próbują wyjściem przed szereg ukryć swoje słabe punkty, a złe zamiary zamaskować ośmieszaniem i dwuznacznością.

”

CYNIZM NIE JEST PRYMITYWNĄ, PRZEMOCOWĄ, LECZ INTELIGENTNĄ, RACZEJ ZAMASKOWANĄ FORMĄ AGRESYWNOŚCI.

Cyniczni ludzie mają stałą potrzebę kwestionowania norm społecznych i wystawiania na pośmiewisko pojęcia wartości. Nie ma dla nich świętości, nie biorą pod uwagę w ogóle lub w niewielkim stopniu wrażliwości innych, spotkanie oparte na szacunku jest dla nich właściwie niemożliwe. Przyjemność sprawia im prowokacyjne zajmowanie przeciwnego stanowiska, obracanie w żart poważnych spraw, ignorowanie konwencji i krytykowanie nieuwzględniające tematów tabu. Ponieważ cynizm może zatruwać klimat komunikacyjny i powodować ciągłą obrazę, w stosunkach partnerskich prowadzi stale do rozdźwięków. W kontekście politycznym sprzyja nieufności wobec polityków i jest przyczyną ogólnego rozczarowania polityką, na co tak narzekamy.

Kąśliwy i gorzki

Pierwotnie cynizm oznaczał kierunek w filozofii i sposób życia, którego oś stanowiła pogarda dla moralności i pojęcia wartości oraz dążenie do pozbawionego potrzeb życia w stanie naturalnym. Najbardziej znanym przedstawicielem cynizmu był żyjący rzekomo w beczce filozof Diogenes z Synopy, który przez swój zjadliwy sposób krytykowania zyskał sobie przydomek *„kýon"* (pies). W XIX wieku pojęcie cynizmu uległo przekształceniu. W nowym rozumieniu „cyniczny" oznacza „drwiący, zjadliwy lub szyderczy". Przychodzi też na myśl wyrażenie

„podły jak pies", wywodzące się z wyobrażenia kundla, który może znienacka ugryźć.

Chociaż słynny szyderca Oscar Wilde uważał, że cynizm jest „sztuką postrzegania rzeczy takimi, jakie są, a nie jakie być powinny", w potocznym rozumieniu słowo to jest nacechowane negatywnie.

Mimo podobnego podłoża psychologicznego i niewielkiego zróżnicowania znaczeniowego cynizm i sarkazm nie są tym samym. Podczas gdy cynizm jest cechą charakteru, trwale występującą negatywną postawą wobec innych ludzi i otoczenia, sarkazm jest ukierunkowany na konkretną sytuację i dany moment i jest stosowany tylko w pojedynczych przypadkach. Sarkazm jest bardziej agresywny, bezpośredni, poniżający i prymitywny. Terminu tego używa się do opisania kąśliwej kpiny lub gorzkiego szyderstwa, mających na celu zranienie lub zawstydzenie innych. Pochodzenie słowa wiele mówi – starożytne greckie słowo „*sarkázein*" oznacza nic innego, jak rozerwać kogoś na strzępy.

Na koniec szczególnie perfidny przykład cynicznego zachowania. Znany ginekolog skierował swoją bardzo majętną, przyjmowaną w ramach prywatnej praktyki pacjentkę w końcowym stadium raka na całkowicie zbędne, bolesne i kosztowne badania do swojego kolegi i zamiast diagnozy na skierowaniu napisał: „Złota gęś! Do oskubania zostało niewiele czasu".

STĘPIĆ OSTRZE DEPRECJONUJĄCEGO

Zniesławienie, zawstydzenie i upokorzenie stanowią bardzo konkretne metody deprecjacji czy strategie obrazy. Można je prześledzić od strony 130 w kolejnych krokach. Jednak nie zawsze potrafimy – jak chociażby w przypadku uporczywego mobbingu – samodzielne poradzić sobie z sytuacją. W takim przypadku najlepiej poszukać profesjonalnej pomocy prawnej i/lub psychoterapeutycznej.

Nawet jeśli deprecjacja polega na tym, że jesteś ignorowany, że odmawia ci się szacunku lub spotykasz się z pogardą, może pomóc ci opisany w poprzednim rozdziale program ośmiu punktów. Najważniejsze jednak, abyś nie stracił szacunku do samego siebie albo – patrząc od drugiej strony – abyś okazywał sobie szacunek oraz pielęgnował i wzmacniał poczucie własnej wartości.

Mówiąc o cynizmie i sarkazmie, trzeba najpierw obalić związany z nimi mit chwały. Z jednej strony formułowane w ich duchu uwagi są raniące, ale z drugiej często robią wrażenie, ponieważ wydają się błyskotliwe, kreatywne i inteligentne. Liczne badania wykazały jednak, że cyniczni i sarkastyczni ludzie nie są bardziej inteligentni, kreatywni i pewni siebie niż inni, nie są też geniuszami. Udowodniono natomiast, że mają ponadprzeciętnie niski próg agresji i znaczne deficyty emocjonalne.

Dalsze wyniki badań mogą być pocieszeniem dla ofiar cynizmu i jednocześnie przestrogą dla cyników:

fińska grupa badawcza stwierdziła, że cyniczni ludzie wykazują znacznie zwiększone ryzyko przedwczesnego spadku wydajności mózgu[10]. Upraszczając, można stwierdzić, że cynizm prowadzi do demencji. Naukowcy przypisują to charakterystycznej dla cyników i ludzi sarkastycznych nieufności, która powoduje ciągły stres i w ten sposób stopniowo przeciąża mózg. Niemieckie badania dowiodły nawet, że cyniczna postawa wiąże się z niskimi dochodami[11]. Badacze tłumaczą to niskim zaufaniem, jakim cynicy darzą innych ludzi. W rezultacie tracą wiele okazji do lukratywnej współpracy, a w razie problemów są mniej skłonni prosić innych o pomoc.

Pewnym wyjściem z konfliktu między potrzebą kreatywności i agresji a chęcią niekrzywdzenia innych jest ironia. Tę subtelną, ukrytą kpinę często nazywa się „miłą formą sarkazmu", ponieważ jest mniej raniąca niż sarkazm i nie musi odbywać się kosztem innych. Podczas gdy cynicy i ludzie sarkastyczni starannie maskują swoje intencje zranienia drugiej osoby, w przypadku ironii bardziej chodzi o dowcip, pointę i demonstrację własnej oryginalności. Ironiczne uwagi często też odnoszą się do sytuacji i stanów, nie zaś do ludzi jako takich. Przykładowo, słysząc słowa: „Dziś jest dzień inteligencji. Szkoda, że tak niewielu może go świętować", nikt nie poczuje się osobiście dotknięty.

Ironia często jednak przekracza granicę cynizmu i sarkazmu. Najlepiej utrzymać ją w ryzach, gdy łączy się ją z autoironią. Tak jak w przypadku chińskiego filozofa Zhuangziego, który podobno powiedział: „Ten, kto

”

W KONTAKCIE Z CYNICZNYMI I SARKASTYCZNYMI LUDŹMI ZAWSZE WARTO PRZYJRZEĆ SIĘ POTENCJAŁOWI AGRESJI KRYJĄCEJ SIĘ ZA POZORNIE DOWCIPNYMI, CZĘSTO INTELIGENTNYMI STWIERDZENIAMI, KTÓRE JEDNAK RZADKO SĄ PRZYJAZNE.

”

TRUDNA SZTUKA IRONII POLEGA NA TYM, BY PODDAĆ POD DYSKUSJĘ STWIERDZENIE PRZECIWNE DO TEGO, CO SIĘ MYŚLI LUB O CZYM JEST SIĘ PRZEKONANYM.

zna innych, jest mądry. Ten, kto zna siebie, jest zrozpaczony". Autoironią posłużył się również Nestroy w powiedzeniu: „O każdym człowieku mam jak najgorsze zdanie, nawet o sobie, a mylę się rzadko".

Ironia, cynizm i sarkazm mogą wzbogacić każdy dyskurs. Jeśli są używane ostrożnie i w odpowiedniej dawce, mogą dodać dyskusji pikanterii. Przez kreatywność i niejednoznaczność, przez igranie z ogniem i przez swoją zuchwałość działają ożywczo. Nie mogą jednak być stosowane kosztem innych, ponieważ są wówczas krzywdzące i dyskredytujące. Kto jednak opanował sztukę ironii oraz jej pochodnych i rozważnie jej używa, nie działa wbrew szacunkowi. Na kolejnych stronach znajdziesz wskazówki dotyczące trzech ważnych strategii, jak radzić sobie z deprecjacją.

WSKAZÓWKI

Im wyższe jest nasze poczucie własnej wartości i im lepiej sami siebie znamy, tym mniej jesteśmy podatni na deprecjonujące ataki innych. Poniższe wskazówki pomogą ci zbudować poczucie własnej wartości w dosłownym znaczeniu oraz w znaczeniu pewności siebie.

- **Zidentyfikuj własne metody deprecjacji.** Nikt nie jest święty, większość z nas jest nie tylko ofiarą obraz, ale czasem też ich sprawcą. Spójrz śmiało w oczy własnym „grzechom" i weź za nie odpowiedzialność, starając się ich unikać w przyszłości. Z jednej strony wzmocni to twoje poczucie własnej wartości, z drugiej sprawi, że staniesz się bardziej wyrozumiały wobec osób, które dopuszczają się obrazy, co z kolei może zapobiec spirali deprecjacji (w znaczeniu: „Jak ty mnie, tak ja tobie").

- **Przyjrzyj się deprecjacji własnej osoby.** Deprecjacji i dyskredytacji doświadczamy nie tylko od innych. Również my sami siebie strofujemy takimi myślami, jak: „Ale jestem głupi!", „Znów nie dam rady" i tym podobne. Skup się częściej świadomie na swoich mocnych stronach i powiedz sobie na przykład: „Nieźle sobie poradziłem".

- **Zwróć większą uwagę na szacunek.** Ludzie mają tendencję do przypisywania znacznie większej wagi doświadczeniom negatywnym niż pozytywnym. Znajduje to swoje wytłumaczenie w ewolucji, ponieważ dla przetrwania w surowych warunkach ważniejsze było rozpoznanie niebezpieczeństwa niż cieszenie się przyjemnymi sytuacjami. Dlatego dziś jesteśmy czasem ślepi na uznanie. Kiedy otrzymasz pochwałę lub inny wyraz uznania, potraktuj to jak dar i zobacz w tym wyraz szacunku.

WIELOASPEKTOWOŚĆ MILCZENIA

Trzeba milczeć albo mówić rzeczy lepsze od milczenia.
PITAGORAS

„Mowa jest srebrem, a milczenie złotem" – mówi przysłowie. Czy rzeczywiście tak jest? Czy milczenie może być na przykład formą szacunku, czy jest raczej subtelną formą pogardy? Czy przez milczenie można wyrazić podziw, czy kogoś surowo ukarać? Czy milczenie pomaga skoncentrować się i skupić, czy wywołuje poczucie bezradności? Czy jest narzędziem władzy, czy wyrazem silnej samodyscypliny? Czy nie oznacza w równej mierze obrażania i bycia obrażanym? Czy sprzyja kreatywności, czy raczej podsyca negatywne fantazje? Czy osobie milczącej odjęło mowę, czy okazuje demonstracyjnie, jak bardzo została obrażona? Czy milczenie mówi więcej niż wiele słów? Czy pomaga przezwyciężyć szok, czy sprzyja wyparciu i tabuizacji? Czy zatruwa związek, czy przyczynia się do umocnienia więzi emocjonalnej?

Pytania te dotyczą kwestii, które pokazują specyficzną, ale niezwykle ważną rolę milczenia w strukturze zależności w ramach szacunku. Właściwie to zadziwiające, jak wiele można powiedzieć o niemówieniu. Dzieje się tak prawdopodobnie dlatego, że milczenie jest tak wewnętrznie sprzeczne, ambiwalentnie odbierane i może być interpretowane na tyle różnych sposobów. Podczas gdy moc słowa i potęga języka są ciągle przywoływane, siła milczenia nie jest traktowana z odpowiednią uwagą.

O tym, jak bardzo różnorodne i niejednoznaczne jest zjawisko milczenia, świadczy mnogość cech, które wiążą się z tym pojęciem: milczenie może być wymowne i znaczące, życzliwe i pełne zrozumienia, głuche lub uporczywe, pełne godności lub czci, niewzruszone i urażone, lękliwe i neurotyczne, kłopotliwe i niezręczne, destrukcyjne i agresywne. Można milczeć jak grób, można złamać obowiązek milczenia, czyli zachowania tajemnicy, czasem milczenie zostaje w końcu przerwane lub definitywnie zmusza się kogoś do milczenia. Jakkolwiek paradoksalnie to brzmi, milczenie jest jedną z najintensywniejszych form komunikacji. Bez słów buduje się przekazy, które są często dużo bardziej wyraziste niż brutalne komunikaty werbalne. Jeśli milczenie ma wyrazić konsternację lub urazę, rzeczywiście może stać się „wymownym milczeniem". Milczenie można zinterpretować jako brak zainteresowania, niechęć, lekceważenie, ale także jako wyraz skupienia, głębi intelektualnej, mądrości i opanowania. Czasem milczenie uchodzi za bardzo szlachetne działanie, na przykład przy zachowywaniu minuty ciszy, obowiązku milczenia (zachowania tajemnicy) czy prawie do zachowania milczenia. Z drugiej strony może być wyrazem ignorancji i nieudolności, agresji i pogardy. Często milczenie służy krytyce lub sprzeciwowi, jak to się dzieje w przypadku milczących protestów czy marszów milczenia. Milczenie może być zatem konstruktywne lub destrukcyjne.

GDY MILCZENIE NISZCZY

Milczenie często jest raniące i może mieć katastrofalne skutki. Milczeniem można wyrazić odrzucenie, pogardę i nienawiść. U osoby wykluczonej z komunikacji brak słów powoduje poczucie niższości i bezradności. Milczący człowiek chce w ten sposób dać do zrozumienia, że druga osoba nie jest już dla niego warta ani słowa, nie odgrywa już w jego życiu żadnej roli, a nawet przestaje dla niego istnieć. Ten rodzaj ignorowania, nazywany również bierną agresją czy przemocą psychiczną, może u odbiorcy prowadzić do poważnych urazów psychicznych. Chociaż milczenie to przeciwieństwo rękoczynów i wybuchów emocjonalnych, czasem zwyczajnie nie jest niczym innym jak stosowaniem przemocy. Milczące oskarżenie odbieramy jako bardziej zawstydzające niż jakakolwiek forma słownego obarczenia winą. Już grecki tragik i mąż stanu Sofokles uważał, że „zbyt głębokie milczenie jest równie zgubne jak bezmyślny, głośny krzyk".

Uporczywe milczenie tworzy atmosferę chłodu emocjonalnego, a głucha cisza jest trudniejsza do zniesienia niż wszelkie wyzwiska. Ignorowanie partnera przez odmawianie rozmowy niszczy wiele relacji – między kobietą i mężczyzną, między rodzeństwem, między przyjaciółmi czy między rodzicami i dziećmi. Destrukcyjne milczenie jest nie do pogodzenia z szacunkiem.

Odmowa mówienia może również doprowadzić do izolacji i osamotnienia samego milczącego, w szczególności jeśli wznosi ona mur milczenia, aby chronić siebie samego lub wycofuje się, ostentacyjnie demonstrując urazę. W wielu związkach utrata szacunku objawia się narastaniem okresów milczenia. Oczywiście wspólne milczenie może być również oznaką głębokiej więzi i rozumienia się bez słów, ale milcząc, można także obok siebie osamotnieć.

Wielu pisarzy zajmowało się tematem dopuszczania się i znoszenia przemocy milczenia. Thomas Bernhard opisał w swoim dramacie *Święto Borysa* przesadne i „rozdzierające" milczenie, nikły odzew i posłuszno-agresywną niemotę. W sztuce *Der Präsident* (Prezydent) analizuje zarówno terror milczenia, jak i psychikę milczącego terrorysty. Zgodnie z jego tezą, im więcej uwagi poświęca się drugiemu człowiekowi, tym bardziej jest się narażonym na jego milczenie.

Jak dalece milczenie może pobudzać absurdalną gotowość do nadawania mu konkretnego znaczenia,

”

GDY DRUGI CZŁOWIEK
JEST OSTENTACYJNIE
POMIJANY I NIEZAUWAŻANY,
BRAKUJE PODSTAWY
DO JAKIEGOKOLWIEK
SZACUNKU, A MIANOWICIE
UWAGI I DOSTRZEŻENIA.

”

IM WAŻNIEJSZA JEST OSOBA MILCZĄCA DLA POTENCJALNEJ OFIARY, TYM POTĘŻNIEJSZE DZIAŁANIE MA MILCZENIE.

pokazuje interpretowanie nakazanego milczenia. Jest ono odbierane nie jako wyraz posłuszeństwa, ale jako agresja lub umyślne przemilczanie. W trzecim dramacie poruszającym temat milczenia, *Przed odejściem w stan spoczynku*, Bernhard zajmuje się „niezaangażowanym zaangażowaniem" i opisuje rodzinę jako miejsce przemilczania, milknięcia ofiar, solidarnego milczenia współwinnych i milczenia tych, którzy chcą zepsuć uciechę innym. Szczególnie dobitnie wybrzmiewa interpretacja milczenia jako agresywnego aktu, gdy były komendant SS Rudolf odbiera milczenie swojej siostry Klary jako skierowaną przeciwko niemu nienawiść.

Destrukcyjne milczenie najtrafniej ujmuje Ingeborg Bachmann w powieści *Malina*. W tej książce autorka pochyla się nad przemocą słowną jako taką, podkreśla znaczenie milczenia w walce z przemocą słowną, zajmuje się „niemym słuchaniem" i milczeniem będącym „pokłosiem czekania". Rozemocjonowana przez szaleńcze zakochanie pierwszoosobowa narratorka zostaje popchnięta do samobójstwa przez swojego niewrażliwego ukochanego, który gra milczeniem.

Gdy nie udaje się nakłonić milczącego człowieka do mówienia, a przynajmniej otrzymać od niego wyjaśnienia, u odbiorcy milczenia pojawia się zwątpienie i poczucie winy. Co zrobiłem źle, czym zraniłem drugą osobę, dlaczego czuje się taka dotknięta? Gdy nie sposób znaleźć wyjaśnienia, wyobraźnia podsuwa coraz drastyczniejsze powody własnej zawodności, ale także złośliwości milczącego. Poczucie winy i bezsilności przygnębia, narastają myśli o zemście i konieczności bronienia się. W skrajnych przypadkach ludzie, którzy nie są już warci ani słowa i nawet nie otrzymują wyjaśnienia zaistniałej sytuacji, czują się do tego stopnia bezradni, że nie chcą już żyć. Gdy wewnętrzny chaos jest ukierunkowany na coraz mniej dostępnego milczącego, może dojść do tragedii.

ZANIEMÓWIENIE ZE SKUTKIEM ŚMIERTELNYM

Josef, osiemdziesięciosześcioletni mężczyzna, zabił swoją siedzącą w fotelu małżonkę kilkoma ciosami noża w klatkę piersiową i szyję. Zaatakował od tyłu, ponieważ – jak potem stwierdził – nie chciał patrzeć swojej żonie w oczy. Na koniec próbował zabić również siebie, co mu się jednak nie udało.

Śledczy początkowo zakładali „morderstwo ze współczucia", poprzez które Josef chciał wyzwolić swoją żonę lub – po własnym samobójstwie – nie chciał zostawić jej samej. Jednak podczas przesłuchań starzec opisał brak komunikacji, do którego doszło między nim a jego żoną. Z relacji wynikało, że żona przestała mu udzielać odpowiedzi, niczego nie oznajmiała i o nic nie pytała. Ostatecznie przestała mówić cokolwiek. Zgodnie z zeznaniami lekarza domowego milczenie kobiety było prawdopodobnie spotęgowane przez rozwijającą się, ale nie zdiagnozowaną demencję. Wszelkie próby komunikacji, wszystkie apele i błagania na nic się nie zdały – opowiadał Josef. Dlatego zdecydował się na wspólną śmierć, ponieważ „kto nie ma już nic do powiedzenia, nie ma też po co żyć".

Destrukcyjne milczenie zostawia również ślad w mózgu. Wykazano, że obszar mózgu odpowiedzialny za powstawanie i przetwarzanie emocji, tak zwany zakręt obręczy, zostaje aktywowany przez milczenie, a dokładnie przez doświadczanie milczenia. W ten sposób dochodzi do wystąpienia takich dolegliwości fizycznych, jak ból głowy, kłopoty ze snem, zmęczenie czy zaburzenia trawienia. U osoby wystawionej na długotrwałe milczenie dochodzi do wzrostu ciśnienia krwi, zaburzeń przemiany materii, osłabienia układu odpornościowego i prawdopodobnie do zwiększenia ryzyka zachorowania na raka. Znamienne, że ten położony w przedniej części układu limbicznego obszar mózgu jest odpowiedzialny za empatię, a tym samym za szacunek.

JASNA STRONA CISZY – MILCZENIE WYRAŻAJĄCE SZACUNEK

W niezliczonych cytatach, aforyzmach i przysłowiach milczenie jest wysławiane jako cnota, roztropne zachowanie, objaw siły charakteru i osobistej dojrzałości. Grecki filozof i historyk Plutarch z Cheronei w swoich *Pismach moralnych* twierdził: „Milczenie w odpowiednim momencie jest ważniejsze i lepsze od wszelkich słów". Szkocki filozof i pisarz społeczno-polityczny

Thomas Carlyle ponad półtora tysiąca lat później uważał podobnie: „Słowa przynależą do czasu, milczenie do wieczności”. A wielki szyderca Heinrich Heine uważał milczenie wręcz za najwyższą formę szczęścia.

Milczenie rzeczywiście pod wieloma względami może być złotem, podczas kłótni i burzliwych dyskusji, przy wzburzeniu emocjonalnym i gwałtownych sporach, a także podczas chwili ciszy na zastanowienie czy w psychoterapii. Gdy słucha się uważnie rozmówcy, nie wchodzi mu się ciągle w słowo, odkłada się na bok własne myśli i zastanawia się nad tym, co się usłyszało, milczenie może być naprawdę bardzo konstruktywne. Jeśli dobra rozmowa ma się opierać na wzajemnym rezonansie (od łacińskiego *resonare* – odbijać się echem), chwile milczenia są niezbędne. W idealnym związku partnerzy rozumieją się nawet bez słów, mogą sobie ślepo – albo raczej niemo i głucho – ufać. W nacechowanej emocjonalnie sytuacji milczenie, o ile nie wynika z urazy, może doprowadzić do załagodzenia kryzysu. Świadome i celowe przerwanie potoku słów deeskaluje każdą napiętą sytuację.

W negocjacjach stosuje się milczenie jako manewr taktyczny, wywołuje ono napięcie i prowadzi do utraty pewności siebie u partnera w rozmowie. Może być również sposobem na pozostawienie pytania bez odpowiedzi.

W retoryce milczenie jest popularnym środkiem stylistycznym, przez który mówca chce pokazać swoje skupienie, wewnętrzne opanowanie czy namysł między zdaniami. Niektórzy mówcy i prelegenci potrafią korzystać z milczenia w umiejętny sposób, prawidłowo wplatając i odpowiednio akcentując pauzy. W czasie spotkań grupowych milczenie często wywołuje wiszące w powietrzu napięcie, w którym uwidaczniają się konkretne problemy albo też uczestnicy spotkania lepiej je sobie uświadamiają niż przez analizę werbalną.

Ważne różnice

W kontekście szacunku trzeba najpierw wprowadzić rozróżnienie między motywami milczącego i następstwami milczenia u drugiej osoby, a także między celowym i pochopnym milczeniem oraz zamierzonymi i niezamierzonymi jego skutkami. Jeśli milczenie jest wyrazem akceptującej, pełnej zrozumienia i respektu postawy, jak najbardziej może być oparte na szacunku. Ci, którzy znają się bardzo dobrze i sobie ufają, często wcale nie muszą się porozumiewać. Kochający się ludzie wymieniają najgłębsze uczucia najczęściej bez słów. Osoby religijne w milczeniu komunikują się z boskimi instancjami. We wszystkich formach milczenia opartego na szacunku decydujący jest kontekst emocjonalny, który nie wymaga żadnych wyjaśnień, gdy wzajemne uczucia i oczekiwania są pozytywne i rozsądne. W sytuacji uważnego milczenia można wyczuć uczucia i myśli drugiej osoby, ale zakłada to pewien poziom inteligencji emocjonalnej u komunikujących się bez słów.

Inteligencja emocjonalna

Pojęcie to zawdzięczamy psychologowi Johnowi D. Mayerowi i oznacza zdolność rozpoznawania uczuć własnych oraz innych osób i rozumienia ich w danym kontekście. Dzięki inteligencji emocjonalnej potrafimy regulować emocje i powstrzymywać się od impulsywnych reakcji. W kontekście szacunku odgrywa ona istotną rolę, ponieważ odpowiada za zdolność odczuwania empatii. Umożliwia nam jednak również analizę własnego zachowania czy ewentualnie jego zmianę i kształtowanie na tej drodze naszych relacji.
W kontekście sukcesu pojedynczych osób, ale także całego społeczeństwa, inteligencja emocjonalna jest dziś postrzegana jako ważny czynnik. Stanowi uzupełnienie klasycznej lub poznawczej inteligencji, która skupia się przede wszystkim na postrzeganiu poprzez zmysły, na koncepcjach i efektywności myślenia.

Milczenie może oznaczać akceptację w formie cichej zgody. Całkowita zgodność emocjonalna nie wymaga żadnego werbalnego komentarza. We wszystkich kulturach milczenie służy upamiętnieniu. Czasami ludzie milczą z bezsilności lub dla ochrony. Przez milczenie można wyrazić obronę, opór i protest. Pogodne milczenie świadczy o wewnętrznym opanowaniu, spokoju i zadowoleniu. Ludziom dookoła daje poczucie bezpieczeństwa, ponieważ milczącej w ten sposób osoby nie da się łatwo wytrącić z równowagi i jak solidna skała jest odporna na wszelkie podekscytowanie i emocje.

Milczenie ma uzdrawiającą moc, dlatego jest stosowane w różnych formach psychoterapii, szczególnie w ćwiczeniach odprężających. Zaawansowaną jego formę stanowi milczenie medytacyjne i kontemplacyjne. Mają one ogromne znaczenie w terapii, we wszystkich religiach, a także w filozofii, ponieważ służą skupionej obserwacji, wglądowi w siebie i lepszemu poznaniu duchowemu.

Pełne respektu i czci milczenie jest szczególnym wyrazem szacunku. Nie pozostaje już nic do powiedzenia, skrytykowania czy skomentowania. Przeżyte wydarzenia nie wymagają wyjaśnienia, zdobyte doświadczenie jest przejmujące, a słowa stanowiłyby tylko przeszkodę. W takich sytuacjach milczenie jest wyrazem przejęcia, podziwu, a być może również pokory.

NARCYZM LUB PRZESADNY SZACUNEK DO SIEBIE

Narcyzm jest pierwszym etapem ludzkiego rozwoju, a kto w późniejszym życiu do tego etapu wraca, nie jest zdolny do miłości, zaś w skrajnych przypadkach jest chory psychicznie.

ERICH FROMM

Temat narcyzmu poruszyłem już w rozdziale *Społeczeństwo głodne emocji*. Co jednak ma wspólnego tak krytykowany narcyzm, któremu przypisuje się odpowiedzialność za wiele wynaturzeń i niewłaściwych postaw społecznych, z szacunkiem? Moim zdaniem bardzo dużo, a dzieje się tak z dwóch powodów:

1. Po pierwsze, pozytywna emocjonalność nie może prowadzić do opartej na wzajemności

interakcji społecznej, jeśli zna tylko jeden kierunek, a mianowicie ku własnej osobie. Gdy całe uznanie i szacunek człowiek przyznaje samemu sobie, nie starczy go już dla innych ludzi. Jeśli uczucia poszczególnych jednostek skupiają się wyłącznie na sobie, nieuchronnie dochodzi do dystansowania się ludzi od siebie nawzajem, a w konsekwencji do osamotnienia wszystkich, łącznie z narcyzami.

2. Po drugie, pogarda i deprecjacja innych, stanowiące przecież przeciwieństwo szacunku, należą do podstawowych elementów składowych narcyzmu.

W psychologii głębi interpretuje się narcyzm jako zazdrość o innych, o tych, którzy być może są silniejsi, pracowitsi i mądrzejsi. Osoby takie na trawionym poczuciem niższości narcyzie sprawiają wrażenie zagrażających i wywołują w nim uczucie zazdrości. Ponieważ zazdrości (patrz również strony 138–141) i życzliwego szacunku nie da się pogodzić, nie tylko narcyzm sam w sobie, ale i jego rzeczywiste psychologiczne podłoże – zazdrość – są ukierunkowane przeciwko wszystkiemu, co jest związane z uznaniem i akceptacją innych.

CHARAKTERYSTYCZNE CECHY NARCYZMU

Gdy przyjrzymy się istocie narcyzmu, łatwo dostrzeżemy cały szereg cech, które pozostają w skrajnej sprzeczności z szacunkiem. Opisane w licznych definicjach objawy zaburzeń narcystycznych można streścić w pięciu głównych kategoriach:

1. **Egocentryzm** – narcyz zawsze stawia siebie w centrum, krąży stale wokół siebie.
2. **Egoizm** – nigdy mu dosyć podziwu, pochwały i zainteresowania.
3. **Wrażliwość** – bardzo łatwo go urazić.
4. **Brak empatii** – nie potrafi wczuć się w emocje i myślenie innych.
5. **Dyskredytowanie innych** – musi umniejszać innych, aby samemu poczuć się bardziej wartościowym.

Wszystkie te punkty, gdy przeanalizujemy je pod kątem relacji do szacunku, ukazują szereg cech, które są z nim sprzeczne. Narcyzi wszystko odbierają wyłącznie z perspektywy ja. Relatywizacja własnego punktu widzenia, refleksja nad osobistymi poglądami lub wątpliwości dotyczące własnej oceny są im tak samo obce jak zainteresowanie przemyśleniami innych lub alternatywny punkt widzenia. Narcyz nigdy nie powie: „Podoba mi się ten obraz", lecz swój sąd podniesie do rangi prawdy ogólnej: „Ten obraz jest ładny". Gdy nie smakuje mu jedzenie, nigdy nie ma to nic wspólnego z jego osobistym gustem, a dana potrawa powinna być niesmaczna w ocenie wszystkich innych. Uważa, że jego myśli są na wskroś oryginalne, umiejętności niepowtarzalne, a analizy ponad wszelką wątpliwość górnolotne. Równocześnie narcystyczny człowiek jest skrajnie wrażliwy i nieprawdopodobnie łatwo go urazić, a cechy

”

JEŚLI „OFIARY” NARCYZA CHCĄ ZACHOWAĆ GODNOŚĆ, MUSZĄ SPOJRZEĆ ZA JEGO FASADĘ, CHRONIĆ SIĘ PRZED JEGO MANIPULACYJNYM ZACHOWANIEM I PRZEZ WYTYCZENIE GRANIC W ZDECYDOWANY SPOSÓB BRONIĆ SWOICH WARTOŚCI, A PRZEDE WSZYSTKIM POCZUCIA WŁASNEJ WARTOŚCI.

te są u niego wyolbrzymione nieraz do granic absurdu. We wszystkim i wszystkich węszy atak na swoją osobę, czuje się niebrany na poważnie i niedoceniany, rozwija permanentny lęk przed brakiem szacunku, czyli tej formy zainteresowania, której całkowicie odmawia innym. Pokazuje to wyraźnie rzeczywisty problem narcyza, czyli głęboką niepewność wewnętrzną, brak wiary w siebie i lęk centralny, czyli obawę, że nie jest dostatecznie mocno kochany.

Narcyz ocenia innych przede wszystkim pod kątem tego, czy są oni w stanie okazać mu możliwie jak najwięcej uznania oraz podziwu i udzielić pochwał. Każdy narcyz skupia się przede wszystkim na manipulowaniu i instrumentalizowaniu innych za pomocą swojej aury. Nigdy nie dostrzega godności człowieka, tylko korzyść z niego dla własnych dążeń i celów. Inni ludzie są bezwartościowi, to tylko obiekty, które mają zaspokoić narcystyczne potrzeby.

Uwaga – obraza majestatu!

Narcyzm często jest nieprawidłowo wyjaśniany jako miłość własna. To fałszywe założenie, ponieważ narcyz właściwie nie potrafi kochać – ani innych, ani siebie samego. Cierpi raczej na samouzależnienie, czyli chorobę „nie dostaję wystarczająco dużo i nie mogę przestać". Jego narkotyk to nie heroina czy kokaina, tylko podziw i pochwała. W swojej żądzy uwagi i uznania jest nienasycony, zarówno pod względem pochwały ze strony innych ludzi, jak i siebie samego. Tak jak osoba uzależniona, musi stale zwiększać dawkę i częstotliwość brania substancji uzależniającej, nigdy nie jest zaspokojony i stale pragnie więcej. Objawy abstynencji nie polegają na drgawkach, poceniu się i mdłościach, lecz na wewnętrznej pustce, stanach depresyjnych, lęku i zazdrości. Jednak tak jak narkotyk nie daje uzależnionemu prawdziwych emocji, lecz powierzchowne uczucie odurzenia, tak samo narcyz przez wymuszony podziw nie odczuwa ani głębi emocjonalnej, ani prawdziwych uczuć czy kontaktu z własnym ja, ani prawdziwego szacunku.

Ciągła walka o uznanie wywołuje u samouzależnionej osoby chroniczny stres. Dzieje się tak, ponieważ ten na zewnątrz zachowujący się w sposób imponujący i pewny siebie narcyz w rzeczywistości jest człowiekiem prześladowanym przez lęki i żądzę uwagi. Ów stres prowadzi ostatecznie do wyczerpania i wyjaśnia pojawiające się bardzo często u narcyzów dolegliwości psychosomatyczne.

APLAUZ, APLAUZ!

Znany ekonomista Gilbert, jako znakomity mówca często zapraszany na kongresy, cierpiał na silne ataki migreny. Pojawiały się one nieraz po wystąpieniach przed dużą publicznością, co Gilbert składał na karb zupełnego wyczerpania, którego przyczyną miały być przemówienia. W rzeczywistości dla tego nastawionego na wyniki i ambitnego, ale równocześnie uchodzącego za zdystansowanego emocjonalnie specjalisty bardzo ważne było, żeby jego referaty były najlepsze i cieszyły się największą aprobatą. Dlatego zlecił swojej asystentce mierzenie stoperem długości trwania aplauzu po poszczególnych wystąpieniach i nanoszenie wyników na listę. Migrena dokuczała Gilbertowi o wiele częściej po spotkaniach, w których inny mówca dostał dłuższy aplauz niż on.

Jako że w narcyzmie wszystkie emocje są ukierunkowane na własną osobę, siłą rzeczy cierpi na tym uważność w stosunku do innych. Jako „piecowi, który sam siebie ogrzewa", jak mówi chyba najtrafniejsza definicja narcyzmu stworzona przez teologa Karla Rahnera, brakuje mu energii emocjonalnej do odczuwania sympatii, wczuwania się w innych, współczucia, a zatem wszystkiego, co składa się na szacunek.

Dla otoczenia szczególnie ciężkie jest radzenie sobie ze skrajnym przewrażliwieniem narcyza. Nic nie potwierdza bardziej jego wewnętrznej niepewności niż skrajna nadwrażliwość, przez którą odbiera on jakąkolwiek opinię odmienną od swojej jako obrazę majestatu, a każdą konstruktywną krytykę jako afront. Każde draśnięcie jego psychiki odbiera jak uderzenie batem. W ten sposób uraźliwość staje się piętą achillesową z pozoru pewnej siebie narcystycznej osobowości.

A CO Z ZUPĄ?

Pewna kobieta, dumna w sposobie zachowania i wytwornie ubrana, przyszła do mnie na konsultację. A dokładnie

mówiąc, Fabienne dała się wbrew woli zawlec swojemu mężowi na terapię. Od tygodni nie wypowiedziała ani słowa, pozostawiała każde pytanie męża bez odpowiedzi i nie reagowała na jego coraz bardziej rozpaczliwe apele. W interpretacji męża tym destruktywnym milczeniem okazywała urazę. Mężczyzna czuł się winny, ale nie potrafił doszukać się błędów w swoim zachowaniu.
W trakcie mozolnych rozmów Fabienne w końcu wyrzuciła z siebie, co było przyczyną milczenia. Małżeństwo wiele tygodni wcześniej zaprosiło gości, żona ugotowała wiele dań i pokazała się jako doskonała gospodyni. Pod koniec posiłku mąż pochwalił ją: „Doskonałe jedzenie, mięso było niezwykle delikatne, po prostu marzenie...". W swojej bezwzględności i nieczułości ani słowem nie wspomniał jednak o wyśmienitej zupie, świetnych dodatkach i deserze, który przewyższał wszystko.

Wspaniałość kosztem innych

Ponieważ narcystyczny człowiek zagarnia wszystkie pozytywne uczucia dla siebie, niemal nie potrafi wczuć się w innych ludzi. Nie interesują go i są mu obce ich uczucia, nie chce i nie umie zagłębić się w świat emocjonalny swojego otoczenia. Cierpi na tym sfera emocjonalna kontaktów z narcyzem, rezonans emocjonalny zawsze jest wyraźnie przytłumiony, w kontakcie z nim nigdy nie pojawia się autentyczna więź i serdeczność.

Jako że empatia jest jednym z głównych założeń zachowania opartego na szacunku, jej brak uniemożliwia prawdziwe poszanowanie innych. Brak empatii może być niebezpieczny, ponieważ stanowi warunek bezwzględnego i groźnego zachowania, czyli każdego rodzaju agresywnej przestępczości. Nie dziwi więc, że psychopatyczni przestępcy z ciężkimi zaburzeniami osobowości w badaniach opartych na testach psychologicznych osiągają niskie wartości empatii, a okropność braku empatii uwidacznia się w każdym przestępstwie zawierającym najgorszą formę sadystycznego poniżenia i pogardy, a mianowicie w zabójstwie na tle seksualnym.

Ale nawet jeśli nie chodzi zaraz o zabójstwo, narcyz może być bardzo uciążliwy dla otoczenia. Dokuczliwe są przede wszystkim narastające, dyskredytujące zachowania, które najpierw przybierają formę cynizmu i sarkazmu, potem stają się coraz bardziej bezwstydne, a czasem wręcz sadystyczne, i skupiają się na garstce zwolenników narcyza, która się jeszcze ostała. Pogarda dla innych, ten często niedostrzegany główny element narcyzmu, pozostaje w jaskrawej sprzeczności z szacunkiem. W swojej wyłącznie pozornej fantastyczności i niepowtarzalności narcyz czuje się popychany do umniejszania, ośmieszania i poniżania innych. Ponieważ u narcystycznych ludzi za fasadą wspaniałości kryje się zwątpienie we własną wartość i lęk przed porażką, stale walczą oni z ciągłym poczuciem niższości, nieświadomie przypisując sobie rolę jednookiego króla. Władczą pozycję przywódcy, mimo swoich kompleksów niższości, zachowają tylko wtedy, gdy otoczą się samymi ślepymi, czyli poddanymi, o których poddańczość sami zadbają.

”

NARCYZ NIE POTRAFI
INACZEJ NIŻ KRYTYKOWAĆ,
ZNIEWAŻAĆ, OŚMIESZAĆ
I DYSKREDYTOWAĆ LUDZI
ZE SWOJEGO OTOCZENIA.

Skrajnej formy braku empatii i dewaluacji innych można doszukać się w profilu osobowości seryjnych morderców i despotów. Wielcy tyrani ludzkości, wbrew temu, co się często uważa, wcale nie byli niepoczytalni czy obłąkani. Mieli raczej strukturę osobowości określaną jako „narcyzm agresywny", ukierunkowaną całkowicie na bezpardonowe poniżanie i upodlanie innych. Jako przykład można tu wspomnieć Heroda Wielkiego. Wzniósł on wiele monumentalnych budowli, głównie ku swojej czci. Jak większość okrutnych narcyzów cierpiał na chroniczną manię prześladowczą. Nie tylko przypisuje mu się rzeź niewiniątek w Betlejem, które to wydarzenie nie zostało jednak potwierdzone historycznie, ale i wiadomo, że oskarżył swoją małżonkę Mariamne, rzekomo najpiękniejszą kobietę tamtych czasów, o zdradę stanu, a także nakazał egzekucję trzech swoich synów. Zgodnie z przekazami historycznymi zarządził, by w chwili jego śmierci zabito tysiące młodych mężczyzn. Tylko wtedy naród będzie mógł okazać żałobę godną jego chwały.

Taką związaną ze skrajną pogardą dla człowieka strukturę osobowości można znaleźć u autorytarnych władców aż do dziś. Wystarczy przypomnieć sobie wymuszone przedstawienia żałobne i demonstracyjne orgie płaczu urządzane z okazji śmierci władców północnokoreańskich.

Narcyzm i charyzma

Podstawowa różnica między osobowością narcystyczną i charyzmatyczną polega na silnej nadwrażliwości narcyza i jego stałej potrzebie dewaluowania innych, charyzmatyka natomiast wprawdzie również charakteryzuje pewność siebie i ogromna siła przebicia, ale w przeciwieństwie do narcyza wiary w siebie nie czerpie on z deprecjonowania innych i jest na tyle pewny siebie, że potrafi poradzić sobie z krytyką. Toleruje inne bóstwa wokół siebie, potrafi akceptować innych, a dzięki zdrowej pewności siebie może pozwolić sobie na opartą na szacunku postawę wobec innych, co dla narcyza jest niewykonalne.

MŁODSZA SIOSTRA NARCYZMU – AROGANCJA

Ściśle związana z narcyzmem i też sprzeczna z szacunkiem jest arogancja, zwana również pychą albo butą, która oznacza zbytnią wyniosłość i hardość.

Wiążące się z arogancją wyniosłe zachowanie w większości światopoglądów uznaje się za niegodziwe. Znany jest cytat z Salomona z Księgi Przysłów (16, 18): „Przed porażką – wyniosłość, duch pyszny poprzedza upadek". Słowa te podkreślają, że takie cechy jak duma i pycha niechybnie pociągają za sobą karę, a mianowicie

”

W UJĘCIU WSPÓŁCZESNEJ TEOLOGII PYCHA JEST INTERPRETOWANA JAKO ODMOWA AKCEPTOWANIA WŁASNEGO CZŁOWIECZEŃSTWA, NA KTÓRE SKŁADA SIĘ PRZEDE WSZYSTKIM EMPATIA.

upadek wynikający z samowolnego wywyższania własnej osoby. Warte uwagi jest podobieństwo treści tego cytatu do mitu o Narcyzie, który również kończy się ukaraniem owładniętego samouzależnieniem bohatera (patrz również strona 46–47). W chrześcijaństwie pychę, czyli arogancję, obok chciwości, zazdrości, gniewu, nieczystości, łakomstwa i lenistwa zalicza się do siedmiu grzechów śmiertelnych, nazwanych później grzechami głównymi, ponieważ jako główne zagrożenie dla człowieka najczęściej stanowią źródło wielu innych grzechów.

Arogancja różni się nieco od przeceniania własnej osoby, oznaczającego przypisywanie zbyt dużej wartości swoim umiejętnościom. Trzeba ją też odróżnić od przekonania o własnej nieomylności, które z kolei odnosi się do poczucia rzekomej wyższości moralnej. Arogancji nie można również zrównywać, mimo pewnych podobieństw tych określeń, z dumą z siebie samego, która wynika z radości z własnych nieprzeciętnych umiejętności czy cech charakteru. Zdrowa duma jest jednak zawsze związana z pozytywnymi emocjami i nie pojawia się nigdy kosztem innych. O ile nie jest nieprawidłową reakcją na własne słabości i nie dotyczy niegodziwych czynów, raczej wspiera szacunek do własnej osoby, a tym samym poczucie własnej wartości.

Jako że charakteryzująca się brakiem empatii arogancja zawsze ma na celu stworzenie dystansu społecznego, nie prowadzi ona do postawy opartej na szacunku. Nawet jeśli od kultury zależy, jakie zachowanie uważane jest za aroganckie, często można dostrzec kryjącą się za fasadą niepewność. Ten brak pewności najczęściej widać, gdy arogancki człowiek jest nagle zmuszony do poruszania się w nieznanym sobie otoczeniu.

URAŻONY ŚWIADEK

Hans-Peter, ordynator, był typem dawnego patriarchy rządzącego szpitalem, o wysokich kompetencjach zawodowych, nieznoszącym sprzeciwu i aroganckim w sposobie bycia. Pewnego dnia znalazł się w nietypowej sytuacji. Stanął przed sądem, ale nie jako ławnik czy biegły sądowy, lecz jako świadek, i miał przedstawić kondycję psychiczną dawnej, w międzyczasie zmarłej pacjentki, która zostawiła ogromny majątek.
W nieznanej sytuacji, w której panował zupełnie inny porządek hierarchiczny niż w klinice, Hans-Peter chronił się bardzo lubianym przez niektórych wybitnych specjalistów zachowaniem, czyli traktował wszystkich z góry. Gdy młody, śmiały adwokat zadał mu pytanie i użył przy tym przyjętego w sądzie sformułowania: „Konfrontuję pana z...", lekarz celebryta poczuł się w widoczny sposób urażony. Bez mrugnięcia okiem i nie zaszczycając nawet spojrzeniem pytającego, odpowiedział, czyniąc pogardliwy gest w stronę ławy adwokackiej: „Nie będzie mnie pan z niczym konfrontował!". Najwyraźniej Hans-Peter nie był obeznany ze specyficznym językiem wymiaru sprawiedliwości i zatuszował dezorientację znaną sobie arogancją.

Arogancja to „zdystansowane zachowanie wynikające z niepewności" i u lękowych, wątpiących w siebie ludzi pełni ona funkcję ochronną. Z tego względu to nie przypadek, że właśnie niedojrzałe i niestabilne emocjonalnie osoby często sięgają po kokainę – narkotyk arogancji.

SZACUNEK JAKO FORMA TERAPII

Narcystyczne zachowanie jest dla partnerów w związku, dla rodziny i współpracowników niezwykle trudne do zniesienia. Często pojawiający się z początku zachwyt narcyzem gaśnie najpóźniej wtedy, gdy zaczyna on nieustannie wzmacniać swoje ego kosztem partnera lub współpracowników. Nikt na dłuższą metę nie zniesie presji podziwu, którego wymaga narcyz. Nikt nie będzie zadowolony z roli lizusa czy wiwatującego niewolnika.

Jednak w kontakcie z narcystycznymi ludźmi, także podczas psychoterapii, nie można lekceważyć znaczenia szacunku. Dopiero przez opartą na szacunku pochwałę można dotrzeć do narcyza, inaczej to prawie niemożliwe. Podobnie jak w przypadku leczenia uzależnienia od narkotyków celowo stosuje się substancję uzależniającą, której dawki stopniowo się zmniejsza, tak samo stawiający czoła rzeczywistości narcyz z początku potrzebuje swojego środka odurzającego, czyli zainteresowania i uznania. Okazywane mu emocje muszą być prawdziwe i wyrażane w przemyślany sposób. Potem trzeba na tyle wzmocnić wiarę w siebie uzależnionego od własnej osoby człowieka, by odważył się poradzić sobie bez pochlebstw i pseudopodziwu.

Niektórym z was może się wydawać sprzeczne, że z jednej strony narastający w społeczeństwie narcyzm jest postrzegany jako główna przyczyna kryzysu szacunku, a z drugiej zdolność do odczuwania szacunku uzależnia się od wzmocnienia poczucia własnej wartości. Tu można wysunąć kontrargument, że narcyz w duchu cierpi z powodu poczucia niższości i potrzebuje uznania z zewnątrz właśnie z powodu niewiary we własną wartość i lęku przed porażką.

Co więcej, w przypadku tych przeciwieństw: zbyt dużego narcyzmu z jednej strony i zbyt małego szacunku z drugiej, trzeba zwrócić uwagę na prawidłowy rozdział i odpowiednią ilość uwagi i uznania. Wzmacnianie poczucia własnej wartości polega przecież na prawdziwym uznaniu i autentycznej pochwale, a nie na odurzających i przez to tylko powierzchownie skutecznych pochlebstwach i wymuszonym podziwie.

Zdrowy poziom narcyzmu jest ważny dla prawidłowego rozwoju osobowości, w przeciwnym razie pojawiłoby się stałe poczucie niższości, chroniczne niezadowolenie i wzrost zaburzeń psychicznych. Dzisiejsze rozpowszechnienie, czyli „demokratyzacja", narcyzmu ma wiele pozytywnych stron, ale zjawisko to nie może szerzyć się kosztem innych. Decydujące znaczenie ma zawsze granica, poza którą zaczyna się cierpienie – dopiero wtedy, gdy ktoś cierpi z powodu zachowań narcystycznych,

”

NARCYZM NIE JEST
Z GRUNTU CZYMŚ ZŁYM,
POD WARUNKIEM ŻE NIE
JEST ZBYT DUŻY.

czy to otoczenie, czy sama osoba dotknięta tym zaburzeniem, pojawia się problem. Jest on szczególnie dotkliwy, gdy narcyzm kształtuje nastroje społeczne, ponieważ wzrasta wtedy niebezpieczeństwo pojawienia się chłodu emocjonalnego i zburzenia solidarności społecznej. A to sprzyja ogólnej atmosferze braku szacunku.

Narcyzm nie jest z gruntu czymś złym, pod warunkiem że nie jest zbyt duży.

Jeśli masz do czynienia z narcyzem, w wyjściu z narcystycznej dewaluacji bez uszczerbku i zachowaniu poczucia własnej wartości pomogą ci trzy postawy czy strategie, które znajdziesz poniżej.

WSKAZÓWKI

1. **Potrzebujesz pewnej dozy opanowania, dzięki któremu nie pozwolisz, by obrazy cię dotknęły, i rozpoznasz czasem wręcz desperacki charakter narcystycznych prób wywierania wpływu i ataków.**

2. **Śmiech i poczucie humoru również mogą pomóc. Dzieje się tak nie tylko dlatego, że jedno i drugie rozładowuje napięcie, ale także dlatego, że narcyz czuje przed nimi respekt. Z powodu wynikającej z kompleksu niższości obawy przed wyśmianiem stroni on od tego rodzaju emocji. Jeśli podejdziesz do narcyza z pogodnym opanowaniem, będzie czuł przed tobą respekt.**

3. Jeśli człowiek o narcystycznej osobowości nigdy nie zmieni swojego charakteru, jeśli nie ma perspektywy na jego rozwój w pozytywnym kierunku i widoków na poprawę, zdystansowanie się od takiej osoby jest jedynym sposobem, aby ocalić poczucie własnej wartości. Może wyda ci się to bolesne, ale na pewno jest zdrowe!

MNIEJ SZACUNKU, WIĘCEJ AGRESJI

Nie możecie podać sobie rąk,
jeśli macie zaciśnięte pięści.
INDIRA GANDHI

Brak szacunku nigdy nie pozostaje bez konsekwencji. Skoro jednak reakcje na zachowania pozbawione szacunku często są mało dramatyczne i ukierunkowane do wewnątrz, są też mało dostrzegane lub całkowicie bagatelizowane. Przy bliższej analizie widać jednak, że przepracowywanie niespełnionej potrzeby uwagi i uznania wiąże się z agresją i często ma charakter autodestrukcyjny.

Ogólnie rzecz biorąc, reakcje ofiar braku szacunku można podzielić na zachowania normalne i zaburzone, zdrowe i patologiczne, ukierunkowane na zewnątrz i do wewnątrz, czynne i bierne oraz agresywne w stosunku do innych ludzi i autoagresywne. Przyjrzyjmy się najpierw tym ostatnim. U osób, które duszą w sobie i tłumią rozczarowania i frustracje, mogą pojawiać się problemy psychiczne, takie jak stany depresyjne, uzależnienia lub zaburzenia psychosomatyczne. W szczególnie tragicznych przypadkach proces ten kończy się samobójstwem, czyli skrajną formą agresji wobec siebie. Gdy u człowieka wzmaga się poczucie bezwartościowości, także jego życie przestaje być dla niego cokolwiek warte. W szczególnie wyrazisty sposób obrazuje to poniższy przykład.

BEZ SENSU I WARTOŚCI

Siedemdziesięcioletnia Anna rzuciła się z balkonu domu spokojnej starości. Bez słowa wstała, opuszczając krąg siedzących mieszkańców domu, wzięła ze sobą krzesło i spokojnie postawiła je na parapecie. Nieco niezdarnie wspięła się na nie i skoczyła z uśmiechem na twarzy.

Anna była zupełnie niepozorną, skromną i niewymagającą kobietą. Od śmierci męża nikt jej nie odwiedził, nie dostawała nawet poczty. Kierownictwo domu spokojnej starości nie wiedziało nawet, kogo zawiadomić o jej śmierci. W pokoju Anny znaleziono pożegnalną wiadomość. Na starym papierze listowym napisane było drobnym pismem: „Gdy nie jest się dla nikogo nic wartym, także życie nie ma już sensu i wartości".

Zależnie od osobowości i indywidualnego sposobu przepracowywania doświadczeń życiowych agresywna reakcja na odmowę szacunku może być również skierowana przeciwko innym ludziom i staje się wówczas istotną przyczyną zachowań przestępczych. Mogą to być zarówno przestępstwa przeciwko mieniu, jak i przestępstwa w obrębie związków, aż po otwartą walkę o uznanie w formie brutalnych protestów i aktów agresji, a nawet konfliktów zbrojnych.

OTRZEŹWIENIE LUB ZŁE PRZEBUDZENIE

U kogoś, kto przez dłuższy czas daremnie liczy na życzliwe zainteresowanie i ostatecznie musi przyjąć do wiadomości chroniczne lekceważenie, pojawia się w końcu otrzeźwienie i rozczarowanie. Otrzeźwienie można określić jako „koniec zamroczenia entuzjazmem". Chodzi tu o pasję, z jaką dana osoba oczekuje zainteresowania i uznania. Pragnienie szacunku może być tak zdominowane przez emocje, że czasami niemal zatraca się odniesienie do rzeczywistości, a niecierpliwe oczekiwania są sprzeczne z rozsądkiem. Tym bardziej gorzkie staje się uświadomienie sobie – pozornej lub rzeczywistej – nieżyczliwości otoczenia i nieistotności własnej osoby dla innych.

Takie nieprzyjemne ocknięcie się określa się jako szok rzeczywistości. Jest on związany z ogromną irytacją osoby, której dotyczy, i niepewnością własnej pozycji społecznej. Z reguły konfrontacja z twardymi faktami wywołuje utrzymujące się uczucie urazy, które ma swoje źródło w rozczarowaniu. Rozczarowanie oznacza, że ktoś został wprowadzony w błąd lub sam się pomylił, a bez wcześniejszego tkwienia w iluzji taka reakcja nie jest możliwa. Szczególnie gorzkie staje się otrzeźwienie, gdy ułuda została zdemaskowana jako własny błąd. Często wywołuje to poczucie winy i zwątpienie, prawie zawsze doświadczenie porażki i frustrację, a czasem również chęć zemsty, ukierunkowanej na pozornie piękny i wspaniały, ale teraz odbierany jako bezduszny świat. W takich odczuciach i interpretacjach tkwi jedna z wielu przyczyn dzisiejszej gotowości do przemocy i przestępczości. Jak głęboko u wielu ludzi zakorzeniona jest potrzeba respektu, pokazują przestępstwa na tle urażonego honoru, ale także wiele przestępstw w związkach, często pozornie niemających motywu.

NAGLE TEN SILNIEJSZY

„Respekt, respekt, respekt..." – tak zgodnie z zeznaniami jedynego świadka wrzeszczał Ronald, dźgając leżącą na ziemi już bez życia ofiarę. Gdy przyjechała policja, leżał zalany krwią, płacząc na martwym ciele, i bełkotał: „Gdyby tylko mnie akceptował". Podczas sekcji zwłok lekarze sądowi doliczyli się na ciele zmarłego, wysokiego i silnego mężczyzny trzydziestu jeden ran kłutych. Mówili o „nadzabijaniu" (ang. *overkill*).

Ronald, drobny nastolatek, miał za sobą tak często spotykaną w takich przypadkach historię: rozbita rodzina, zaniedbanie emocjonalne, nadpobudliwość i problemy z nauką, nadużywanie marihuany i przerwanie nauki. W okresie dorastania uważał się za wykluczonego, nieszanowanego i niepełnowartościowego. Szukając towarzystwa i pewnie rodzinnego poczucia bezpieczeństwa, trafił do grupy przestępczej młodych dorosłych. Był najmłodszy, najmniejszy, najsłabszy i w gangu nazywano go „nasze baby". Szczególnie przywódca, późniejsza ofiara, dokuczał mu i nieustannie go lekceważył. Ronaldowi natomiast na niczym nie zależało bardziej, niż by ten silny mężczyzna, zastępujący mu w pewien sposób ojca, w końcu potraktował go poważnie, by choć raz obdarzył go uznaniem. Wówczas czułby się przyjęty do grupy, akceptowany i równoprawny. Jak powiedział: „Wtedy byłbym kimś!".

Pod wpływem narkotyków doszło między nimi do szarpaniny, jeden cios pociągał za sobą drugi, w końcu silniejszy fizycznie przywódca upadł. Ronald nagle znalazł się w pozycji silniejszego i z niedowierzaniem dostrzegł swoją szansę. Chwycił nóż i chciał zmusić potężnego, podziwianego przez siebie przywódcę, by ten w końcu potraktował go poważnie i okazał mu szacunek. Gdy tak się nie stało, Ronald pchnął go nożem.

Nie tylko takie straszne czyny mogą być motywowane brakiem szacunku, dotyczy to również mniej brzemiennych w skutki przestępstw. Nierzadko oszuści i włamywacze przez brak uwagi i uznania czują się uprawnieni, by brać to, co ich zdaniem im się należy. Po dokładniejszym przesłuchaniu winni przestępstwa przeciwko mieniu oprócz zwykłych motywów kryminalnych zadziwiająco często podają jako uzasadnienie czynu chęć zemsty nad światem, który odmawia im sprawiedliwego wynagrodzenia i uwagi. Współczesne przestępstwa wirtualne, takie jak cyberbullying (znęcanie się w sieci), mobbing internetowy, mowa nienawiści w sieci i zniesławianie w internecie, mają prawie zawsze swoje źródła w braku wiary we własne siły i poczuciu własnej bezwartościowości sprawców.

AMOK I TERROR

Brakiem szacunku i obrazą z pewnością nie można tłumaczyć całego zła tego świata. Zło ma niezliczoną liczbę przyczyn i stale zmienia swoje oblicze. Wśród dzisiejszych przestępstw wyróżniają się jednak dwa, które w dużej mierze są konsekwencją lekceważenia, poniżania i poczucia bycia dyskredytowanym, a mianowicie amok i terror.

Poniżej te dwa pojęcia, o nieco podobnym znaczeniu, są wyraźnie rozgraniczone, ponieważ ich podłoże psychologiczne jest zupełnie inne, a profil psychologiczny sprawcy jest całkowicie różny. Podczas gdy będący w amoku człowiek czuje się osobiście zbyt mało szanowany, terroryści reagują przede wszystkim na dyskredytację ideałów i dążeń całych społeczności. W obydwu przypadkach widać jednak, jak w czasach z pozoru coraz bardziej bezpodstawnych zbrodni mało dostrzegane, na oko błahe powody, takie jak lekceważenie, mogą prowadzić do niezrozumiałych, agresywnych czynów. Ta współczesna forma zła stała się bardzo znacząca, co pokazuje następujący nagłówek prasowy z USA: „Więcej zabitych uczniów niż żołnierzy w 2018 roku".

Gdy przebierze się miarka

Zgodnie z definicją Światowej Organizacji Zdrowia pod pojęciem amoku rozumie się nagły, świadomy, niesprowokowany atak przemocy połączony z rządzą mordu, a przynajmniej mocno niszczycielskim zachowaniem i częstą nagłą zmianą w kierunku zachowań samobójczych. Chociaż pojęcie to pochodzi z kultury malajsko-indonezyjskiej (od *amuk* oznaczającego „wściekły, oszalały"), zachowanie, które się pod nim kryje, jest zjawiskiem ponadkulturowym, co z kolei wskazuje na znaczenie obrazy i braku szacunku jako głównego motywu amoku we wszystkich społeczeństwach.

Dawniej amok wiązano zawsze z ciężkimi zaburzeniami psychicznymi, przede wszystkim urojeniami, nieprawidłowościami w aktywności fal mózgowych, zamroczeniami umysłu i patologicznym szałem. Później zaczęto tłumaczyć to zjawisko przede wszystkim uwarunkowaniami psychospołecznymi. Wprawdzie u sprawców działających w amoku, w przeciwieństwie do terrorystów, stwierdzano wysoki odsetek osób cierpiących na zaburzenia psychiczne, zaskakująco niski

”

BADANIA NAUKOWE POTWIERDZAJĄ, ŻE DLA WYSTĄPIENIA AMOKU MAJĄ ZNACZENIE POCZUCIE NIŻSZOŚCI, CHĘĆ POKAZANIA SIĘ, OBRAZA I BRAK UZNANIA.

był jednak wskaźnik wiążących się z nimi typowych czynników ryzyka, jak zaburzone relacje między ojcem i matką lub złe warunki socjalne.

Główne czynniki ryzyka wystąpienia amoku u danej osoby to przede wszystkim depresja ze skłonnościami samobójczymi, narcystyczna struktura osobowości, fantazje o przemocy, skrajne doświadczenia życiowe, odrzucenie, mobbing i bullying oraz obraza i brak szacunku. W typowych profilach osobowości skłonnej do amoku wymieniane są takie cechy, jak potrzeba bycia docenionym, ponadprzeciętna drażliwość oraz niekontrolowana agresywność, ale mogą być to również ludzie o sprawiających wrażenie łagodnych i niewymagających charakterach.

POTRZEBA NISZCZENIA

14 lutego 2018 roku w swojej dawnej szkole Douglas High School w Parkland/Miami dziewiętnastoletni Nikolas otworzył ogień z broni półautomatycznej do swoich dawnych kolegów i koleżanek, zabił siedemnaścioro z nich i ciężko ranił kolejne siedemnaście osób. Po dokonaniu tego czynu pozwolił się pojmać, nie stawiając oporu. Podczas przesłuchań poinformował o kilku próbach samobójczych, depresji i nadużywaniu alkoholu po śmierci matki, która zmarła z powodu przedawkowania leków przeciwbólowych pod koniec 2017 roku. Nikolas odczuwał chęć niszczenia wszystkiego. Dodatkowo szczególnie doskwierał mu fakt, że nie miał przyjaciół i nie był przez nikogo lubiany.

W amoku uwidacznia się w pełni siła obrazy, która obiektywnie rzecz biorąc, nie ma wielkiego znaczenia, jednak przez osobę, która jej doświadcza, jest subiektywnie odbierana jako nieszczęśliwe zrządzenie losu lub życiowy dramat. Ponieważ obraza, jak już wspomniałem (patrz strony 118–120), jest zwykle wstydliwie ukrywana i tabuizowana, może niepostrzeżenie rozwijać swoją moc, dręcząc osobę jej doświadczającą i pozostając przy tym niemal niezauważalną dla osób postronnych. Jedną z najbardziej brzemiennych w skutki obrazą jest brak akceptacji.

Jeśli podstawowa potrzeba uwagi i szacunku nie zostanie zaspokojona, osoba w ten sposób doświadczona reaguje rozpaczą, bezsilną złością i rosnącą nienawiścią. Gdy zostanie naruszone poczucie sprawiedliwości, na które młodzi ludzie są szczególnie uwrażliwieni, może to stanowić ostatnią kroplę, która przeleje czarę narcystycznej goryczy. Amok nie jest więc spontaniczną, napadową utratą samokontroli, lecz dramatycznym końcowym etapem długiego, przebiegającego najczęściej niezauważenie procesu.

Przez amok sprawca osiąga dwa efekty:

- może zemścić się na świecie, który odbiera jako obojętny, zimny oraz wykluczający i lekceważący go, a jednocześnie
- wydobyć się z bezwartościowości i stać się kimś, kto przynajmniej przez jakiś czas będzie zauważany przez cały świat. „W końcu nie być nikim" – tak brzmi motto sprawcy.

W swojej żądzy uznania potencjalni sprawcy działający w amoku identyfikują się z wielkimi, najczęściej walecznymi postaciami, silnymi i mężnym bohaterami z gier komputerowych lub z innymi sprawcami dokonującymi przestępstw w amoku. Ten ostatni wzorzec jest najbardziej problematyczny, ponieważ identyfikowanie się z nim jest łatwiejsze, gdy wzór jest „taki jak ja", co ośmiela do naśladowania go.

Strzelanina szkolna

Nigdzie psychologiczne podłoże, ale także społeczne znaczenie amoku i masakry nie uwidacznia się wyraźniej niż w ich najstraszniejszej formie, czyli w tak zwanej strzelaninie szkolnej. Do 1990 roku takie akty przemocy zdarzały się sporadycznie, po czym po 1990 roku ich częstotliwość się podwoiła, a od 2000 roku wzrosła pięciokrotnie. Wynika to przede wszystkim z silnego wpływu współczesnych mediów na sprawców i niewątpliwie mającego znaczenie efektu naśladownictwa. W szczególności rozważa się wpływ agresywnych gier komputerowych, które mogą dostarczać motywów i wzorców zachowań do agresywnych działań własnych. Wybór szkoły jako miejsca zbrodni można wytłumaczyć faktem, że dla sprawców w tym okresie życia jest to miejsce najczęstszego doświadczania obrazy.

Siać strach, wywierać presję

Inaczej wygląda psychologiczne podłoże terroru. Również w tym przypadku obraza i brak szacunku odgrywają niezwykle ważną rolę, ale w mniejszym stopniu dotyczą jednostek, a bardziej całych grup. Empiryczna baza danych jest skromna, ponieważ niewielu terrorystów przeżywa, a ci, którym się to udało, odmawiają komunikacji i nie dopuszczają do siebie myśli, że mogą cierpieć na poważne problemy psychiczne. Terroryzm jest definiowany jako motywowane politycznie zachowanie stosunkowo niewielkiej grupy o strukturze hierarchicznej, która chce przeforsować swoją wolę wbrew istniejącemu porządkowi, grożąc lub dokonując dobrze zaplanowanych aktów przemocy o dużej widoczności publicznej w celu szerzenia strachu i terroru oraz wywierania presji na innych ludzi, zwłaszcza na przywódców politycznych.

Mimo że zasadnicze idee mogą być bardzo różne w poszczególnych grupach – które wykazują zbieżność z sektami i przestępczością zorganizowaną – procesy psychologiczne w nich zachodzące są bardzo podobne. Amerykański psychiatra Marc Sageman, który w przeszłości stacjonował jako oficer CIA w Afganistanie i blisko współpracował z mudżahedinami, udowodnił związek między brakiem uznania a skrajną agresją, analizując życiorysy czterystu islamskich terrorystów. Ustalił, że doświadczyli oni wcześniej wykluczenia, co odbierali jako upokarzające. Czuli się społecznie wyizolowani, a przyłączyli się do grupy terrorystycznej, ponieważ byli przede wszystkim wdzięczni za przyjęcie

”

WYKLUCZENI
I ROZGORYCZENI LUDZIE
SĄ ŁATWYMI OFIARAMI
DLA RADYKALNYCH
ORGANIZACJI
POLITYCZNYCH, GRUP
TERRORYSTYCZNYCH I SEKT.

ich do wspólnoty, gdzie mogli odnaleźć uznanie społeczne. Dla tych wartości byli gotowi zabijać, a nawet poświęcić własne życie.

Nowe oblicze zła

Wiele wskazuje na to, że brak szacunku, lekceważenie i obraza odgrywają coraz większą rolę również w nowym obliczu zła, czyli w motywach współczesnych rodzajów przestępstw. Ze względu na brak badań nie można jeszcze tego udowodnić, ale istnieje wiele wyraźnych przesłanek za tym przemawiających. W międzynarodowej przestępczości z użyciem przemocy można zaobserwować wyraźny trend do popełniania przestępstw, w których trudno doszukać się motywów lub jest to całkowicie niemożliwe. Po tym, jak w raporcie końcowym w sprawie zamachu dokonanego przez Stephena Paddocka w Las Vegas 1 października 2017 roku, w którym zginęło pięćdziesiąt osiem osób, wyraźnie stwierdzono, że nie udało się ustalić żadnego motywu przestępstwa, pojawiło się podejrzenie, że chodzi o niezauważoną lub niedostatecznie uwzględnioną motywację, taką jak doświadczone obrazy, frustracje życia codziennego lub brak uwagi i zainteresowania.

Za przestępstwami popełnianymi przez migrantów z kręgów kulturowych, w których pojęcie honoru jest nadal bardzo ważne, kryją się często problemy z szacunkiem. Uderzająca seria zabójstw młodych kobiet, którą obserwujemy ostatnio w Europie, ma również wspólny mianownik w próbie demonstracji siły, czyli patologicznie wyolbrzymionym szacunku do własnej osoby u mężczyzn dopuszczających się zbrodni oraz w pogardzie dla ofiar i w braku szacunku do osoby kobiety. Brak szacunku jest tu z jednej strony motywem lub pobudką do czynu, a z drugiej postawą wobec ofiar.

ZESPÓŁ WYPALENIA ZAWODOWEGO I SPÓŁKA – WYPALONY SZACUNEK

Obowiązków nie wypełnia się dla nich samych, ale dlatego, że ich lekceważenie zakłóciłoby zadowolenie ludzi.

MARK TWAIN

Brak szacunku jest źródłem wielu form zła. Relacje partnerskie nie mogą funkcjonować na dłuższą metę, jeśli zabraknie szacunku. W życiu zawodowym zbyt często rezygnuje się z szacunku – najskuteczniejszego środka zwiększania motywacji pracowników i poprawy atmosfery w pracy. Bez niego nie może być mowy o zadowolonych pracownikach. Jak pokazałem w poprzednich rozdziałach, również na płaszczyźnie rozwoju społecznego nie można bagatelizować znaczenia szacunku.

Zbyt rzadko bierze się pod uwagę brak szacunku jako przyczynę zaburzeń psychicznych, takich jak brak wiary w siebie, uzależnienia czy zespół wypalenia zawodowego.

Szczególnie dobitnie można to pokazać na przykładzie zjawiska zwanego dziś zespołem wypalenia zawodowego (burnout). Pojęcie wypalenia, obejmującego wiele zaburzeń psychicznych, w trafny sposób opisuje najważniejsze negatywne uczucie doznawane przez dzisiejsze społeczeństwo. Burnout jest bardzo mocnym określeniem – to krótkie słowo stanowi opis, który nie wymaga bliższych wyjaśnień ani dalszego różnicowania, każdy w zasadzie wie, co się pod tym pojęciem kryje. Burnout po prostu mówi wszystko, a jako termin angielski ma również tę zaletę, że należy do języka nowoczesnej nauki i ma zabarwienie międzynarodowe i nowoczesne. Dzięki temu o wiele łatwiej jest przyznać się do zaburzenia i uznać je za „prawdziwą" chorobę. Diagnoza ta nie jest ani nierzetelna, ani przestarzała. Niezależnie od tego, czy było to zamierzone, czy nie, termin „wypalenie zawodowe" przyczynił się w znacznym stopniu do nowego, opartego na szacunku spojrzenia na zaburzenia i choroby psychiczne, czyli do ich detabuizacji i uznania. Popularność tego określenia sprawiła, że ludzie mówią teraz bardziej otwarcie o problemach psychicznych, w mniejszym stopniu je wypierają i poruszają ten temat bez uprzedzeń. Burnout nie jest uznawany za oznakę słabości czy brak chęci, w dodatku tak modnego zaburzenia nie trzeba się już wstydzić. Pojęcie zespołu wypalenia zawodowego

”

DZIĘKI STOPNIOWEJ ZMIANIE POSTAW ZA SPRAWĄ POJĘCIA WYPALENIA ZAWODOWEGO MOŻLIWE JEST LEPSZE ZROZUMIENIE ZABURZEŃ I CHORÓB PSYCHICZNYCH, ŁATWIEJSZE ZIDENTYFIKOWANIE PROBLEMÓW, A LECZENIE MOŻE ZOSTAĆ PODJĘTE W ODPOWIEDNIM CZASIE.

przyczyniło się do opartego na szacunku podejścia do chorób psychicznych.

„Któż jeszcze nie cierpi na burnout" – brzmiał niedawny tytuł w znanym tygodniku, pokazujący dwie sprawy:

- z jednej strony niezwykłą popularność tego terminu, który w trafny sposób określa uczucie znane wielu ludziom,
- z drugiej strony nadużywanie tego określenia, stosowanego do określenia całego wachlarza zaburzeń psychicznych.

Często błędnie zdiagnozowanemu wypaleniu zawodowemu przypisuje się liczne dolegliwości i zachowania, które nie mają z nim wiele wspólnego. Dzisiaj zniechęcenie, utratę zainteresowania, przygnębienie, poczucie bezsensu, ostentacyjną bierność lub po prostu lenistwo wiąże się tak samo z wypaleniem zawodowym jak wiele poważniejszych zaburzeń, które dalece wykraczają poza depresyjny stan wyczerpania, a tym właśnie jest burnout. Podczas gdy kiedyś melancholicy ukrywali swoją depresję, a problemy psychiczne ogólnie były w dużej mierze tematem tabu, dziś ludzie otwarcie mówią o wypaleniu zawodowym, czasem wręcz nie bez pewnej dumy. W końcu człowiek pracował bardzo ciężko, co doprowadziło go do skrajnego wyczerpania. Zespół wypalenia zawodowego jest dowodem ogromnej energii twórczej, zaangażowania zawodowego wykraczającego poza własne ograniczenia, pracowitości

”

WYPALENIE ZAWODOWE JEST ZABURZENIEM POJAWIAJĄCYM SIĘ W SPOŁECZEŃSTWIE NASTAWIONYM NA WYDAJNOŚĆ. TO OBRAŻENIA ODNIESIONE W WALCE PRZEZ SUMIENNYCH PRACOWNIKÓW, A MOŻNA BY WRĘCZ ZARYZYKOWAĆ STWIERDZENIE, ŻE DUMA SPOŁECZEŃSTWA PRZEMYSŁOWEGO.

i chęci do pracy, a nawet gotowości do poświęcenia w jakimś stopniu własnego zdrowia na rzecz pracy.

Triumf koncepcji wypalenia zawodowego świadczy jednak również o obserwowanej w ostatnich latach zmianie myślenia o zdrowiu, które skupia się teraz również na jego sferze psychicznej i związku między chorobami somatycznymi a psychicznymi. Mówiąc kolokwialnie, dżuma i cholera odchodzą w niepamięć, podczas gdy wskaźnik cierpiących na lęk, depresję i uzależnienia dramatycznie rośnie.

Według obliczeń WHO zaburzenia i choroby psychiczne za kilkadziesiąt lat zajmą czołowe miejsca na skali ludzkich dolegliwości, wyprzedzając zawały serca i nowotwory. Na samym szczycie znajdą się zaburzenia ze spektrum depresji, w których wypalenie zawodowe ma zdecydowanie największy udział. A wszystkie te emocjonalne i umysłowe zaburzenia rozgrywają się na płaszczyźnie, której pozytywna warstwa obejmuje również szacunek. Co zatem wypalenie zawodowe, choroba naszych czasów, ma wspólnego z szacunkiem? Znacznie więcej, niż wiele osób cierpiących na ten zespół i ich bliskich, ale również niektórych terapeutów i naukowców, jest tego świadomych.

OD ZAPAŁU DO WYPALENIA

Gdy w rozmowie terapeutycznej poszukuje się przyczyn zjawiska, które osoby nim dotknięte opisują za pomocą takich określeń jak „rozładowane baterie", „niemoc psychiczna" czy „wypalenie", zaskakująco często pojawia się problem braku akceptacji i szacunku. Obok znanych czynników ryzyka wypalenia zawodowego, takich jak duże zaangażowanie, wysokie wymagania, ambicja i dokładność oraz klasyczna przyczyna, czyli przepracowanie i wielokrotne przeciążenie obowiązkami, ogromne znaczenie ma brak pozytywnego feedbacku. Złożonym zaburzeniom nie można wprawdzie nigdy przypisywać tylko jednej przyczyny, ale dotychczas niedoceniane znaczenie braku szacunku jest coraz częściej brane pod uwagę w badaniach nad wypaleniem zawodowym. Socjolog medycyny Johannes Siegrist widzi największy czynnik ryzyka wypalenia zawodowego nie w przepracowaniu, nadmiernych wymaganiach czy ciągłej presji, ale w poczuciu wykonywania stałego wysiłku, za który nie otrzymuje się nic w zamian. Wypalenie zawodowe lub depresyjne wyczerpanie wynika więc nie tylko z chronicznego przeciążenia, ale także z braku „pokarmu dla duszy". Maratończyk może upaść z powodu przeciążenia i nadmiernego wysiłku, ale również wówczas, gdy na długim dystansie nie dostanie wody czy posiłku. Gdy komuś rzeczywiście stale brakuje uznania, to, bezskutecznie walcząc o uwagę i respekt, będzie żył w chronicznym stresie. Może się wysilać do woli, pracować dzień i noc, brać zadania za dwóch, a i tak nie otrzyma tego, za czym tak bardzo tęskni. Cała jego praca jest traktowana jako oczywistość, nieustanny wysiłek nie jest w ogóle zauważany, a dokonania nie są doceniane. Oznacza to ciągły stres i permanentną frustrację, które wypalają człowieka, przyczyniają się do problemów zdrowotnych i mogą prowadzić do przedwczesnego starzenia się i wczesnej śmierci.

Chcąc zrozumieć proces wewnętrznego wypalenia, trzeba przyjrzeć się okolicznościom sprzed pojawienia się pierwszych objawów, to znaczy osobie i sytuacji życiowej dotkniętego nim człowieka. „Wypalić może się tylko coś, co kiedyś płonęło" – tak brzmi bardzo trafny, zawsze pojawiający się w dyskusjach na temat wypalenia zawodowego argument. Znaczy to, że szczególnie zagrożeni wypaleniem są ludzie niezwykle zaangażowani i pracowici, odznaczający się rzetelnością i przykładnym zaangażowaniem, którzy chcą wiele osiągnąć i wyznaczają sobie ambitne cele. Innymi słowy, ci, którzy sami sobie stawiają duże wymagania, stale się przepracowują, są zawsze pod ręką, nie potrafią odmówić, a jednocześnie doświadczają zdecydowanie zbyt mało szacunku. Jako że osoby takie wciąż się dostosowują, są zawsze do dyspozycji i prawie nigdy nie narzekają, ich praca jest uważana za oczywistość i przestaje być ceniona i szanowana.

O dziwo, w opisanym wyżej profilu psychologicznym osób zagrożonych wypaleniem zawodowym dwie istotne cechy stanowiące składową ich charakteru zostały za słabo uwypuklone – wrażliwość i poczucie sprawiedliwości. Ponieważ osoby wrażliwe intensywnie odbierają uczucia i niedostateczny feedback, brak szacunku jest dla nich szczególnie obciążający. Gdy wysiłki i osiągnięcia nie są nagradzane pełnym szacunku zainteresowaniem, dla ich wyjątkowo wyczulonego poczucia sprawiedliwości stanowi to rażącą

”

JEŚLI WIERZYĆ WYNIKOM AMERYKAŃSKICH BADAŃ DOTYCZĄCYCH ŚREDNIEJ DŁUGOŚCI ŻYCIA AKTORÓW, CI, KTÓRZY OTRZYMALI OSCARA, ŻYJĄ ŚREDNIO O TRZY LATA DŁUŻEJ NIŻ KANDYDACI NOMINOWANI, ALE NIE NAGRODZENI.

niesprawiedliwość. Osoby zagrożone wypaleniem zawodowym przez długi czas walczą zatem o szacunek dla sprawiedliwości, co zwiększa stres i przyczynia się do wypalenia się ich motywacji, energii i wiary we własne siły.

Na początku pojawia się niejasne uczucie

Ponieważ początkowe objawy wypalenia zawodowego są niespecyficzne, przez długi czas nie przypisuje się ich konkretnemu zaburzeniu, takiemu jak depresyjny stan wyczerpania. Zazwyczaj osoby dotknięte tym zaburzeniem i ich lekarze najpierw upatrują przyczyny w dolegliwościach fizycznych, takich jak zaburzenia krążenia i przemiany materii, ukryte stany zapalne lub przewlekłe infekcje. Ludzie ci doświadczają niejasnego, trudnego do opisania uczucia, że coś może być nie tak. Zaczynają czuć się nieswojo, cierpią na pozornie bezpodstawne napady lęku, stają się mrukliwi i rozdrażnieni. Sen okazuje się najbardziej czułym wskaźnikiem. Obawy, które jeszcze nie są namacalne, utrudniają zasypianie, rwą fazy snu, a podczas długiego leżenia, gdy nie można zasnąć, nabierają groźnych kształtów. W kolejnym etapie podstępnie rozpoczynającego się procesu wypalenia zawodowego frustracja, złość i wyczerpanie ulegają somatyzacji, to znaczy dają o sobie znać w postaci złego samopoczucia fizycznego i zaburzeń pracy organizmu, takich jak ból głowy, ból pleców czy ucisk w klatce piersiowej.

”

OKOŁO 20 PROCENT PACJENTÓW Z ZESPOŁEM WYPALENIA ZAWODOWEGO PRZYBIERA NA WADZE, PONIEWAŻ ZACZYNAJĄ WIĘCEJ JEŚĆ, BY POPRAWIĆ SOBIE NASTRÓJ. NATOMIAST U 80 PROCENT STWIERDZA SIĘ UTRATĘ WAGI, PONIEWAŻ PRZECHODZI IM OCHOTA NAWET NA JEDZENIE.

W kolejnym etapie dominuje nerwowość, drażliwość w kontaktach interpersonalnych, zniechęcenie, frustracja, utrata zainteresowań i apatia. Wcześniejszy entuzjazm ustępuje miejsca ciągłemu rozczarowaniu, poczuciu bezradności i bezsilności. W dobrze znanej pracy i w komunikacji pojawia się uczucie wyobcowania, które ma swój wyraz w irytacji, cynizmie, obwinianiu i dewaluowaniu innych. Takie reakcje uniemożliwiają uzyskanie tego, czego wypalający się człowiek potrzebuje teraz szczególnie, czyli życzliwego zainteresowania. Otrzymuje je on w niewielkim stopniu lub wcale, ponieważ ludzie, z którymi się styka w życiu prywatnym i zawodowym, są zirytowani i podenerwowani jego zachowaniem. Osoby dotknięte tym problemem często próbują sobie pomóc, zwiększając spożycie alkoholu i paląc coraz więcej papierosów lub sięgając po środki uspokajające. A nieraz prowadzi to do wyrobienia sobie nawyku i uzależnienia.

Objawy, przyczyny i czynniki wyzwalające

Ponieważ wypalenie zawodowe zawsze dotyczy człowieka jako całości, uwidacznia się na wszystkich trzech płaszczyznach zdrowia: psychicznej, społecznej i fizycznej. Istnieje wiele różnych objawów, które nie są typowe tylko dla wypalenia zawodowego, co utrudnia wczesną diagnozę. Poniższa lista jest zgodna z przybliżoną chronologiczną kolejnością pojawiania się objawów.

Lista objawów wypalenia

Wyczerpanie psychiczne:

- zaburzenia koncentracji,
- zaniki pamięci, spowolnienie,
- ociężałość, brak motywacji,
- utrata elastyczności umysłowej i kreatywności,
- lęk przed porażką, uczucie przeciążenia,
- brak wiary we własne siły, obwinianie się,
- drażliwość, niezadowolenie,
- zmniejszona odporność i brak tolerancji na stres,
- smutek i apatia,
- rozmyślanie, pesymizm, wewnętrzna pustka,
- lęk o przyszłość, poczucie braku perspektyw.

Wyczerpanie społeczne:

- wycofanie, zrywanie kontaktów, izolacja,
- problemy komunikacyjne (rozdrażnienie, brak zrozumienia, obrona, zachowania buntownicze, cynizm),
- zwiększona absencja chorobowa,
- brak aktywności w wolnym czasie, bierne spędzanie czasu (telewizja, gry komputerowe),
- porzucenie hobby i działalności w stowarzyszeniach,
- zwiększone spożycie używek i substancji uzależniających,
- problemy w związku i rodzinie,
- poczucie bezsensu, pragnienie śmierci.

Wyczerpanie fizyczne:

- brak energii i sił, uczucie słabości,
- ciągłe zmęczenie,
- trudności z zasypianiem i przespaniem nocy,
- bóle głowy i pleców,
- ucisk w klatce piersiowej,
- podwyższone ciśnienie krwi, zaburzenia rytmu serca,
- zwroty głowy, mdłości,
- dolegliwości żołądkowo-jelitowe,
- utrata libido, dysfunkcje seksualne,
- podatność na infekcje, obniżenie odporności.

Jak już wspomniałem, tak złożonemu zaburzeniu psychicznemu jak zespół wypalenia zawodowego nie można przypisać jednej przyczyny. W grę wchodzi zawsze kilka czynników, począwszy od predyspozycji i podatności na tego typu problemy, a skończywszy na chronicznym stresie i chorobach. W dzisiejszym rozumieniu zbiór przyczyn można podzielić na czynniki osobiste, problemy w związku, silną presję w pracy, liczne obciążenia w sferze prywatnej i zawodowej oraz przyczyny społeczne (patrz strona 226).

Wśród czynników wywołujących wypalenie zawodowe, które trzeba odróżnić od jego przyczyn, te związane z brakiem szacunku są w literaturze specjalistycznej wymieniane raczej na marginesie. Przyczyny są wielorakie i częściowo powstają przez dłuższy czas. Natomiast bezpośrednie czynniki wywołujące wypalenie stanowią ostatnią kroplę, która przepełnia czarę goryczy.

Na liście typowych czynników wywołujących wypalenie można znaleźć takie, jak duże obciążenie pracą, presja terminów, zła atmosfera w pracy, rosnąca złożoność zadań, nieodpowiednia organizacja pracy, problemy na płaszczyźnie hierarchii pracowników, przymus administracyjny, mobbing czy lęk przed utratą pracy, często na próżno jednak szukać braku szacunku czy zbyt rzadko otrzymywanych pochwał. Jedynie przy okazji tematu kryzysu gratyfikacji (patrz strony 275–278) omawiana jest kwestia braku szacunku. Natomiast podczas terapii pacjenci wypaleni zawodowo prawie zawsze bardzo szybko odnoszą się do doznawanego przez nich coraz silniejszego poczucia, że zawsze dają więcej, niż otrzymują w zamian.

Wśród ludzi, u których dochodzi do wyczerpania motywacji i sił głównie z powodu braku zachęty, uznania i pochwały, można wyszczególnić dwie główne grupy:

- Osoby, które rozpoczynały pracę z dużym zaangażowaniem, ale nigdy nie otrzymały pozytywnego feedbacku. W ich przypadku rozczarowanie, które szybko zastępuje początkowy entuzjazm (patrz strony 197–198), utrzymuje się i przeradza w chroniczną rezygnację.

- Osoby, które na początku wykazywały się wysokim poziomem motywacji, doświadczały szacunku i otrzymywały pochwały. Później jednak ich zaangażowanie zostało uznane za oczywiste i niemal przestano je doceniać, co stało się powodem ogromnego rozczarowania.

Można zatem rozróżnić formę zespołu wypalenia zawodowego opartą na rezygnacji oraz mającą źródło w rozczarowaniu.

Lista przyczyn wypalenia

1. **Przyczyny osobiste:** silna emocjonalność, niestabilna samoocena, wysoka wrażliwość, syndrom pomocnika, przewlekłe choroby i dolegliwości, niepełnosprawność.
2. **Problemy w relacjach:** konflikty w związkach, problemy rodzinne, problemy pracownicze, mobbing.
3. **Przeciążenie pracą:** szybkie tempo pracy, częste kontrole, nierealistyczne obciążenie pracą, presja terminów, brak wskazówek i pomocy, sprzeczne cele, braki organizacyjne.
4. **Liczne obciążenia w sferze prywatnej i zawodowej:** dodatkowe funkcje rodzinne, obowiązki opiekuńcze, stanowiska honorowe, zaangażowanie społeczne.
5. **Przyczyny społeczne:** brak docenienia przez społeczność, brak wsparcia ideologicznego, zmiana stosunku do zawodu, narcyzm społeczny i chłód społeczny.

OD ASTMY DO ZGORZKNIENIA

Brak szacunku jest jedną z przyczyn całego szeregu zaburzeń psychicznych, takich jak choroby psychosomatyczne, uzależnienia od substancji odurzających, zaburzenia lękowe, fobia społeczna, a czasem nawet urojenia.

Gdy broni się ciało

Wśród zaburzeń somatycznych, czyli dolegliwości fizycznych bez uchwytnych przyczyn organicznych, z brakiem szacunku można powiązać zwłaszcza uwarunkowane psychicznie dolegliwości oddechowe i bóle głowy. Wprawdzie wciąż podaje się w wątpliwość, czy astma może być wywołana przez sam stres psychologiczny, ale ścisły związek między dolegliwościami układu oddechowego a psychologicznymi czynnikami ryzyka jest bezsporny. Obok czysto fizycznych czynników medycznych decydującą rolę odgrywa komponent psychospołeczny, czyli związek między psychiką a środowiskiem. Ponieważ oddech jest uważany za symbol życia i emocjonalności, nieprzypadkowo ludzie z problemami na tle szacunku wyrażają swoje konflikty psychiczne poprzez układ oddechowy. Astmę można więc interpretować jako „nieme wołanie o miłość".

Podobnie w przypadku bólów głowy, których nie da się wyjaśnić organicznie, często przyczynę można znaleźć w niezaspokojonym pragnieniu uwagi i szacunku. Jeśli na przykład ktoś otrzymuje stanowisko zawodowe znacznie poniżej swojego poziomu wykształcenia lub zostaje pominięty podczas rekrutacji na wyższe stanowisko (czyli zostaje potraktowany poniżej swoich umiejętności), nierzadko wyraża ten konflikt na tle szacunku poprzez symboliczny narząd odpowiedzialny za niedocenioną inteligencję, czyli głowę jako umiejscowienie niewrażliwego na ból mózgu. Również w przypadku chronicznego zespołu bólowego lub chorób skóry warto ustalić związek pomiędzy brakiem szacunku a dolegliwościami fizycznymi. Ból fizyczny może bowiem wyrażać ból psychiczny. Skóra jako organ graniczny między światem zewnętrznym a własną osobą jest z kolei symbolem zainteresowania, kontaktu, wymiany, ale także rozgraniczenia i indywidualizmu.

Rozwiać lęk

Na często zadawane pytanie, dlaczego niektórzy ludzie z pozoru bezsensownie się upijają i wpadają w sidła uzależnienia, można przynajmniej częściowo odpowiedzieć, że przyczyna leży w pragnieniu szacunku. Wygląda to jeszcze niegroźnie, gdy aby się popisać, upija się młodzież, która nie otrzymuje dostatecznej uwagi. Bardziej problematyczna jest „ucieczka w uzależnienie" w przypadku ludzi kontrolujących się, którzy wyłącznie w stanie pozbawienia zahamowań po alkoholu lub narkotykach potrafią w pozytywny sposób wyrażać się o sobie. Brak szacunku może prowadzić do poważnego uzależnienia, gdy ludzie mający ukryte lęki tylko pod wpływem narkotyku czują się ważni i silni lub jedynie w stanie odurzenia alkoholem nie obawiają się pogardy i dewaluacji.

Lęk przed kontaktem i krytyką

Jedna z form zaburzeń lękowych jest ściśle związana z szacunkiem, a mianowicie fobia społeczna. W przypadku tego dziś coraz częstszego zaburzenia, które rozpoczyna się już w dzieciństwie i w okresie dojrzewania, lęk wynika z obawy przed byciem krytycznie postrzeganym i negatywnie ocenianym przez innych. Osoba taka coraz częściej unika spotkań towarzyskich, żeby przypadkiem się nie zbłaźnić i by nikt nie mógł jej skompromitować. Wynikające z tego zachowania unikowe prowadzą do izolacji społecznej i wewnętrznego osamotnienia. W takich przypadkach sukces terapii zależy od tego, czy pacjent doświadczy szacunku ze strony terapeuty, na ile można poprawić w ten sposób jego samoocenę i czy mimo wątpliwości i lęku będzie w ogóle w stanie szacunek przynajmniej przyjąć.

Urojenia jako złagodzenie lęku przed porażką

W rzadkich przypadkach brak szacunku może stać się nie tylko przyczyną choroby psychicznej, ale również treścią psychotycznych urojeń. Urojenie wielkościowe lub urojenie dotyczące pochodzenia dotyka szczególnie ludzi, którzy muszą prowadzić nędzne, ledwo dostrzegane życie i nigdy nie doznają uczucia, że są dla kogoś ważni. Słabo opłacana służąca jest nagle przekonana, że jest sekretną kochanką wielkiego przemysłowca. Długotrwale bezrobotny mężczyzna nabiera przekonania, że został uwzględniony w testamencie przez szejka naftowego i wkrótce otrzyma duży spadek. Niedoszły student jest pewien, że odkrył teorię wszystkiego.

U wszystkich tych ludzi urojenia rekompensują poczucie porażki, nieistotności i braku szacunku. Poniższa historia pokazuje, jak bardzo urojenie, jako jedna z najcięższych form choroby psychicznej, może mieć swoje źródło w lekceważeniu i czerpać z ducha czasów.

NIEŚLUBNA CÓRKA TRUMPA

Pochodząca z Karyntii niewykwalifikowana robotnica o imieniu Marie została przywieziona do szpitala psychiatrycznego, ponieważ całkowicie się zmieniła i wyrażała osobliwe opinie. Prowadziła niepozorne, skromne życie, aż nagle przestała pojawiać się w swoim miejscu pracy. Zerwała nieliczne kontakty towarzyskie, które utrzymywała, roztrwoniła skromne oszczędności i opowiadała, że przenosi się do Hollywood.

Podczas rozmowy Marie wyznała mi pewien sekret – że jest w rzeczywistości nieślubną córką Donalda Trumpa i co do tego nie ma najmniejszych wątpliwości. Jej prawdziwy ojciec, przyszły amerykański prezydent, podczas wizyt w Słowenii, skąd pochodziła jego żona, nocami przejeżdżał przez granicę do Karyntii i utrzymywał z jej matką potajemne stosunki. Dowiedziała się o tym, gdy media donosiły o „historiach miłosnych" Trumpa.

W analizie psychiatrycznej urojenie dotyczące własnego pochodzenia można interpretować jako spełnienie marzeń osoby, która czuje się mało warta i niedoceniana. Chorobliwa mania wielkości Marii były reakcją na jej życie, które postrzegała jako monotonne i nędzne, oraz na brak szacunku, którego nigdy nie zaznała. Jako córka wpływowego polityka stała się ważna, zamożna i znacząca. Urojenia rekompensowały jej brak szacunku.

Wyczerpanie psychiczne

Wiele zaburzeń wynikających z braku szacunku prowadzi do stanu, który można trafnie nazwać zgorzkniałością. Wszystko stało się na wskroś gorzkie. Jako przewlekła, zatwardziała, trudna do zmiany, prawie nieuleczalna forma obrazy zgorzknienie jest uważane za jedną z typowych trwałych konsekwencji braku szacunku. „Gorzko jest nie być już nic wartym" – brzmi często pojawiająca się podczas terapii skarga. Walka o uznanie, związana z ciągłym negatywnym stresem, oznacza proces psychologicznego wyniszczania, który ostatecznie kończy się trwałą rezygnacją, permanentnym stanem rozgoryczenia, mieszaniną agresywności, rezygnacji, poczucia bezsilności i autodestrukcji. Zgorzkniali ludzie czują, że ich psychika jest „uwięziona", a zza tych krat nie ma wyjścia. Terapia nie jest łatwa, a często zgorzkniałość prowadzi do całkowitej niezdolności do pracy.

Zespół zgorzknienia

Berliński psychiatra Michael Linden po latach badań nad osobami zniesławionymi, sfrustrowanymi, porzuconymi i zastraszanymi opisał zaburzenie charakteryzujące się depresyjnością, problemami ze snem, powracającymi natarczywymi wspomnieniami, wycofaniem i zachowaniami unikowymi, które nazwał zespołem zgorzknienia pourazowego (ang. *posttraumatic embitterment disorder*, PTED). Według Lindena objawy tego zaburzenia, spowodowanego codziennym stresem, takim jak problemy w związku czy deprecjacja, odpowiadają objawom często diagnozowanego zespołu stresu pourazowego. Dowodzi to, że wiele drobnych obraz, takich jak brak szacunku, może mieć podobne konsekwencje jak wiążąca się z panicznym lękiem katastrofa.

NAJLEPSZE LEKARSTWO NA ZESPÓŁ WYPALENIA – SZACUNEK

Jeśli zespół wypalenia postrzegać jako proces, który prowadzi do emocjonalnego, psychiczno-umysłowego, społecznego i fizycznego wyczerpania, czyli może dotyczyć wszystkich płaszczyzn ludzkiego zdrowia, to da się dostrzec zapobiegawczą i leczniczą funkcję szacunku. Poprzez zachętę, uznanie i pochwałę można by przynajmniej zmniejszyć poczucie emocjonalnego

”

WIELE ZE ŚRODKÓW
ZALECANYCH W LECZENIU
WYPALENIA ZAWODOWEGO
JEST UKIERUNKOWANYCH
NA DOCENIENIE WŁASNYCH
POTRZEB I ZDROWIA,
OSOBISTYCH WARTOŚCI,
A NAWET CAŁEJ
OSOBOWOŚCI.

i społecznego wypalenia. Szacunek nie jest sam w sobie formą terapii zespołu wypalenia, niemniej jednak stanowi niezbędny warunek skutecznej terapii. „Uznanie społeczne jest psychospołecznym czynnikiem ochronnym, który znacząco zmniejsza ryzyko chorób i ograniczeń w funkcjonowaniu związanych ze stresem!”[12] – mówi Johannes Siegrist.

W przypadku udanej terapii pacjent uznaje dobre samopoczucie i równowagę psychiczną za wartości, które przez długi czas zaniedbywał, a które nie pojawiają się same z siebie i trzeba o nie dbać. Jeśli każda koncepcja terapeutyczna koniecznie zaleca, oprócz czasu wolnego i odpoczynku, psychoterapii i w razie potrzeby stosowania leków psychotropowych, zasadniczą zmianę stylu życia, oznacza to przede wszystkim rekonstrukcję osobistego stosunku do samego siebie: przemyślenie na nowo zdrowia psychicznego, fizycznego i społecznego, własnych aspiracji i wartości oraz pragnienia szacunku i uznania. Dotyczy to przede wszystkim zakorzenienia w postawie szacunku, zarówno innych ludzi, jak i swojej własnej.

Od zespołu wypalenia zawodowego do depresji

Jeśli nie dojdzie do interwencji, do zmiany stylu życia oraz rzeczywistego zainteresowania i pomocy, proces emocjonalnego wypalenia kończy się depresją, chorobą „braków”. Człowieka cierpiącego na zespół wypalenia dręczy brak energii, chęci, radości, pomysłów, siły, apetytu i snu, nęka go brak zainteresowań i brak motywacji. Ostatecznie popada w trudny do zniesienia niebezpieczny stan braku perspektyw. Często wiąże się z tym znużenie życiem i pragnienie śmierci, ponieważ dotknięty depresją człowiek widzi rozwiązanie już tylko w spokoju wiecznym.

Nie należy mylić chronicznej depresji, wynikającej z wypalenia, z klasyczną melancholią, czyli zaburzeniem depresyjnym pojawiającym się bez namacalnej przyczyny i konkretnych czynników ją wywołujących, mimo iż ich przebieg może być podobny. W ciężkich stanach depresyjnych najczęściej, przynajmniej na początkowym etapie terapii, nie można zrezygnować z leków. Nie usuną one wprawdzie rzeczywistej przyczyny depresji ani nie zastąpią psychoterapii i zmiany stylu życia, ale są w stanie złagodzić dokuczliwe objawy, takie jak zaburzenia snu czy brak energii. Z tego względu w ciężkich przypadkach wypalenia czasem również przepisuje się leki psychotropowe, by osoba cierpiąca na to zaburzenie była w ogóle w stanie podjąć terapię. Natomiast od samego początku konieczna jest postawa oparta na szacunku, zarówno wobec obrazu zespołu wypalenia, jak i wobec osoby nim zagrożonej czy dotkniętej.

PSYCHOLOGIA CHWALENIA I DZIĘKOWANIA

Dobry czyn, który umiera niewychwalony, zdusza tysiąc innych, które mógł spłodzić.

WILLIAM SHAKESPEARE

Niewątpliwie pochwała jest najbardziej odczuwalną formą szacunku. Przynajmniej na pierwszy rzut oka wydaje się, że trudno wyraźniej okazać szacunek niż poprzez czynną, pełną wdzięczności pochwałę. Tak samo trudno zaprzeczyć, że ludzie mają uniwersalną potrzebę bycia chwalonymi. Wszyscy tego chcemy i każdy jest na pochwałę podatny. Za pragnieniem pochwały kryje się ludzka stała potrzeba zainteresowania, życzliwego wsparcia i miłości. Paradoksalnie jednak dla większości tych potrzebujących pochwały istot trudne jest obdarowywanie pochwałami innych, czyli ofiarowanie ludziom trochę tego, co dla nich samych jest tak ważne. A przecież nie ma lepszego sposobu motywowania i uskrzydlania innych niż autentyczna pochwała, która jest bardzo ważna szczególnie w przypadku dzieci i nastolatków. Ten istotny środek motywujący mamy zawsze w zasięgu ręki, nie wymaga wysiłku i nie generuje żadnych kosztów. Dlaczego więc nie chwalić częściej?

Niektórym ludziom trudno wypracować zdrowe podejście do pochwały z powodu pewnej bariery psychologicznej, a mianowicie nieumiejętności chwalenia innych. Z czym wiąże się ta wewnętrzna blokada? Czy kierujemy to życzliwe zainteresowanie emocjonalne za bardzo na własną osobę, tak że dla innych ludzi nic już nie zostaje? Czy krępujące jest obdarowywanie pochwałami innych, skoro samemu skrycie się za nimi tęskni? A może siła pochwały jest po prostu niedoceniana? Prawdopodobnie wszystkie wymienione czynniki odgrywają pewną rolę. Poniższe rozważania dotyczące psychologii chwalenia mogą pomóc poradzić sobie z tym problemem.

CO MOŻE ZDZIAŁAĆ PRAWDZIWA POCHWAŁA

Pochwała jest podkategorią uznania, ale jest konkretniejsza, bardziej bezpośrednia i bardziej namacalna. Chwalenie dotyczy przede wszystkim płaszczyzny osiągnięć i działań i z reguły jest ograniczone czasowo.

Uznanie w obydwu tych obszarach jest bardziej ogólne, a szacunek dotyczy całego człowieka ze wszystkimi jego cechami, niezależnie od jego konkretnego zachowania. Jednak wyrażając szacunek, nie powinniśmy i nie możemy rezygnować z pochwały, ponieważ żaden inny sygnał nie jest tak wyraźnie odczuwalny dla odbiorcy. Decydujący jest przy tym odpowiedni sposób chwalenia i wyeliminowanie niechcianych efektów dodatkowych, które adresat intuicyjnie wychwytuje, a które mogą mocno osłabić wymowę pochwały (patrz strony 248–253).

Działanie prawdziwej pochwały możemy wszyscy obserwować w kontaktach międzyludzkich i sami, miejmy nadzieję, często go doświadczaliśmy. Pochwała motywuje, wywołuje zadowolenie i dumę i wzmacnia wiarę w siebie. Już Johann Wolfgang von Goethe tak uważał:

> Ośmielmy się głośno i wyraźnie powiedzieć
> o jego staraniach, jego cnocie;
> bo serdeczne uznanie
> jest drugą młodością starości.

Słowa te poeta zadedykował swojemu przyjacielowi Carlowi Friedrichowi Zelterowi na jego siedemdziesiąte urodziny, pod pojęciem „młodość" rozumiejąc pozytywne działanie pochwały i uznania.

Pozytywny wpływ pochwał na dzieci

Jak dużą przewagę w wychowaniu mają pochwały nad upomnieniami, pokazuje ogólne doświadczenie życiowe i uważna obserwacja ludzkiej komunikacji, ale efekt ten został również potwierdzony naukowo. W badaniach podjętych przez Sue Westwood z Uniwersytetu De Montfort w Leicester w Wielkiej Brytanii, która zajmowała się naukami o zdrowiu, udowodniono wpływ regularnego chwalenia przez rodziców na dobre samopoczucie psychiczne ich dzieci. Trzydzieścioro ośmioro rodziców dzieci w wieku od dwóch do czterech lat przez ponad cztery tygodnie dokumentowało, jak często chwaliło werbalnie swoje dzieci, i opisywało obserwowane u dzieci zachowania i samopoczucie. Gdy dobre zachowanie dzieci było pozytywnie komentowane przynajmniej pięć razy dziennie, dzieci, w porównaniu z tymi, którym nie okazywano podobnego zainteresowania, czuły się znacznie lepiej, były uważniejsze i mniej nadruchliwe.

Ponadto chwalenie wzmacnia wszelkiego rodzaju więzi między osobą chwalącą i chwaloną, podczas gdy jego brak prowadzi do nudy i frustracji w relacjach między ludźmi. W związku pochwały podtrzymują wzajemny respekt, świeżość relacji i szacunek dla siebie nawzajem. Na płaszczyźnie zawodowej, gdzie motywująca siła uznania i tak jest zbyt mało wykorzystywana, wielu przełożonych, którym nie przechodzi przez gardło prawie żadna pochwała, podlega negatywnemu efektowi Pigmaliona. Gdy motywacja do pracy oraz osiągnięcia są ignorowane i niechwalone, pracownicy tracą przyjemność z pracy, przez co przełożeni utwierdzają się w swoich uprzedzeniach i oszczędnym udzielaniu pochwał. I odwrotnie, pozytywne podejście wyrażane pochwałą wzmacnia lojalne zachowanie i zaangażowanie. Efekt ten został nazwany od bohatera greckiej mitologii. Artysta Pigmalion zakochał się w jednej ze stworzonych przez siebie figur kobiety. Ostatecznie jego pieszczoty obudziły ją do życia. Tym sposobem z pomocą bogów zostało spełnione jego najskrytsze życzenie.

Nic nie wspiera lepiej poczucia własnej wartości i samoświadomości niż autentyczna pochwała. W doradztwie, pedagogice i terapii uznanie wyrażone przez pochwałę byłoby znacznie lepsze niż większość innych metod. Nie ma nic bardziej pożądanego przez członków rodziny, przyjaciół, pracowników i partnerów biznesowych, krótko mówiąc: wszystkich ludzi z naszego otoczenia, niż pochwała. Człowiek jest istotą potrzebującą miłości i pochwały, a pochwałę można porównać do „ożywczej siły", której jesteśmy przez całe życie spragnieni. Mimo to jest ona tak oszczędnie, rzadko i minimalistycznie stosowana. Ojciec Christiana z poniższej historii to wymowny tego przykład.

PÓŹNO, ALE JEDNAK

Christian całe życie czekał na tę chwilę. Menedżer biznesowy, odnoszący ogromne sukcesy i cieszący się wielkim poważaniem, milioner, laureat licznych odznaczeń, członek rad nadzorczych kilku koncernów i profesor honorowy trzech uniwersytetów, uroczyście świętował przejście na emeryturę w dniu swoich sześćdziesiątych piątych urodzin. Podczas wystawnej kolacji w pewnym momencie między przemowami dziękczynnymi i pochwalnymi wstał sędziwy mężczyzna, dziewięćdziesięciosiedmioletni ojciec Christiana. Wszyscy zamilkli, gdy z godnością, słabnącym głosem rozpoczął on przemowę. Powiedział tylko sześć słów: „Synu mój, jestem z ciebie dumny!", i uniósł kieliszek.
Dla Christiana było to najwyższe odznaczenie, najgłębsza satysfakcja i najpiękniejsza nagroda za jego osiągnięcia. Od dzieciństwa walczył o te słowa. Ojciec nigdy go nie chwalił, a Christiana zawsze dręczyło poczucie, że nie potrafi sprostać jego wymaganiom i nie spełnia oczekiwań. Christian zastanawiał się, czy może jego ambicja nie wynikała z chęci bycia docenionym przez ojca. Może jego błyskotliwa kariera była tylko próbą przypodobania się ojcu i doczekania się od niego choć raz prawdziwej pochwały. Teraz, w momencie przejścia w stan spoczynku, udało mu się ten cel wreszcie osiągnąć.

Wielokrotnie naukowo udowodniono, jak silne działanie motywujące i zwiększające efektywność pracy ma pochwała. Badanie młodych naukowców przeprowadzone na Uniwersytecie Technicznym w Monachium[13] wykazało, że uznanie i chwalenie w kręgu koleżeńskim mają znacznie bardziej motywujące działanie niż wypłaty bonusowe i premie za osiągnięcia. Musi to być jednak prawdziwa, szczera pochwała, a nie pochlebstwa czy kadzenie. Wówczas chwalenie rzeczywiście stanowi jeden z ważniejszych stymulatorów psychologicznych i czynników motywujących.

Zaskakujący na pierwszy rzut oka wynik przyniosły przeprowadzone w 2016 roku niemiecko-holenderskie badania[14] dotyczące kwestii, czy pochwała prowadzi do poprawy wyników w nauce. W grupie ponad trzystu studentów osoby, które uzyskały najlepsze oceny z egzaminów, zupełnie niespodziewanie zostały pochwalone w obecności pozostałych studentów, natomiast studenci osiągający najlepsze wyniki z równoległej grupy nie otrzymali pochwały. Co zaskakujące, na kolejnych egzaminach studenci, którzy otrzymali pochwałę, nie wypadli lepiej niż ci niepochwaleni z grupy kontrolnej, natomiast stało się tak w przypadku osób, i to w obydwu grupach, które osiągnęły wyniki drugie w kolejności. Pochwała wyznaczyła normę, dzięki której najlepsi poczuli się docenieni i najwyraźniej byli z tego powodu zadowoleni, natomiast osoby osiągające niższe wyniki poczuły się zachęcone do poprawy osiągnięć. Pochwała może więc przynieść dwa rezultaty: dodaje pewności osobie chwalonej i wzmacnia jej wiarę w siebie, a równocześnie osoby, które nie otrzymały pochwały, może niezwykle zmotywować do podjęcia większego wysiłku. Wynik ten kolejny raz potwierdza ścisły związek między pochwałą a osiągnięciami.

Pochwała musi wypływać z serca

Jeszcze trudniejsze od samego wyrażania pochwał jest udzielanie ich w sposób wiarygodny i skuteczny. Rzeczywiście chwalenie we właściwy sposób wcale nie jest łatwe, ponieważ oprócz pozytywnych skutków pochwał trzeba wziąć pod uwagę, że mogą one mieć nieszczere, nadmierne, szantażujące i niekonstruktywne formy. Stąd zapewne bierze się pewna nieufność wobec chwalenia, co ma swoje odzwierciedlenie w wielu mądrościach ludowych, ale także w starożytnej tragedii Eurypidesa, w której znajdziemy takie stwierdzenie: „Wiem dobrze, że zbyt wiele pochwał ma działanie odwrotne do intencji szlachetnie myślącego chwalącego". Jeszcze dosadniej wyraża tę myśl powiedzenie nieznanego autorstwa: „Kto ciągle mnie chwali, jest albo głupcem, który mną gardzi, albo łajdakiem, który chce mnie oszukać".

By pochwalić kogoś w szczery sposób, trzeba najpierw pokonać swój wewnętrzny opór i okazać komuś innemu uznanie, którego samemu nie dostaje się w dostatecznej ilości. Chodzi więc o to, żeby pochwałę wyrazić w taki sposób, by jej odbiorca odebrał ją jako autentyczną i doceniającą jego indywidulane cechy czy osiągnięcia i potraktował ją jako życzliwe uznanie i wyraz szacunku. Prawdziwa pochwała nie powinna być przesadna czy schematyczna, ale oryginalna i indywidualnie skrojona. Powinna wypływać z serca i wyrażać szczere myśli. Wówczas jest oparta na szacunku i tak też zostanie odebrana. Poniższa historia obrazuje określenie „płynąca z serca" lepiej niż jakakolwiek teoria.

DOBRE WYCZUCIE

Zoé to bardzo typowy przykład osoby, którą w niezbyt życzliwy sposób można by określić jako „bogata ciotka" – była majętna, samotna, bezdzietna i już bardzo stara. Po jej śmierci zgodnie z jej wolą duża część majątku trafiła do skromnej kobiety z sąsiedztwa. Jak uzasadniła swoją decyzję Zoé w testamencie, kobieta ta nigdy nie dawała jej dużych prezentów, jak wielu jej krewnych, nie zamawiała też dla niej na urodziny drogich bukietów czy tortów kurierem, jak czynili to inni. Natomiast często przynosiła Zoé polne kwiaty, które sama zbierała i układała w bukiety.

Ta prosta kobieta nie tylko dawała to, co dać mogła, ale też czuła, co starsza pani naprawdę lubi. Te prezenty płynęły z serca.

W pedagogice i wychowaniu bardzo ważne jest, by pochwała bardziej skupiała się na wysiłku i pracowitości niż na faktycznych osiągnięciach. W ten sposób dzieci uczą się, że porażka nie jest katastrofą, lecz wydarzeniem, które wzbogaca doświadczenia i wspiera dalszy rozwój. Amerykańska psycholog Carol Dweck[15] z Uniwersytetu Stanforda, która już od dawna bada wpływ pochwał na uczniów, udowodniła tę zależność w bardzo ciekawym eksperymencie. Grupie dzieci, które w teście zręcznościowym osiągnęły wysokie wyniki, udzieliła informacji zwrotnej dotyczącej inteligencji, a mianowicie: „Jesteś naprawdę sprytny". Dzieci z drugiej grupy usłyszały komentarz, który dotyczył ich starań i mocnych stron: „Naprawdę bardzo się starałeś!". Następnie chłopcy i dziewczynki mogli wybrać łatwiejszy lub trudniejszy test. Spośród dzieci, które zostały pochwalone za inteligencję, większość ograniczyła się do łatwiejszego testu, natomiast wśród uczniów docenionych za wysiłek 90 procent chciało rozwiązać trudniejsze zadanie! Wyraźne różnice były widoczne również w przypadku prób rozwiązywania testu, który był zdecydowanie za trudny. Dzieci, które wcześniej zostały pochwalone za siłę woli i wysiłek, dużo bardziej starały się i sprawdzały różne możliwości rozwiązania. Z kolei dzieci, u których szczególnie doceniono inteligencję, zaczynały w siebie wątpić i poddawały się sfrustrowane.

Jeśli chwali się tylko inteligencję, dzieci nie uświadamiają sobie w pełni własnych możliwości i ich nie wykorzystują. Ze względu na lęk przed popełnieniem błędu tracą wiarę w siebie i zaczynają coraz częściej unikać wszystkich zadań, które wydają im się trudne. Jako że nigdy nie nauczyły się radzić sobie z frustracją i dźwigać się po porażkach, często poddają się przy pierwszych niepowodzeniach. Z kolei docenienie pracowitości daje poczucie kontroli. Jest to tak zwany *effort effect*, co w języku angielskim odnosi się do

”

DECYDUJĄCY NIE JEST POZYTYWNY FEEDBACK DOTYCZĄCY WIEDZY I INTELIGENCJI, LECZ POCHWAŁA WYSIŁKU I PRACOWITOŚCI.

efektu, jaki przynosi wysiłek i pracowitość. Gdy dzieci chwali się za wysiłki i starania, zyskują one kontrolę nad własnymi działaniami. Jeśli natomiast podkreślana jest tylko ich inteligencja, pozbawia się je możliwości kontroli, przez co ich samoocena załamuje się przy pierwszej porażce.

Podobne wnioski wynikają z tak zwanego paradygmatu Meyera, zgodnie z którym pochwała w pewnych okolicznościach może mieć paradoksalny skutek. Jeśli uczniowie są zbytnio chwaleni za rozwiązanie łatwych zadań, jak dowiódł tego już w latach siedemdziesiątych zeszłego wieku niemiecki psycholog Wulf-Uwe Meyer, pojawia się w nich poczucie, że są traktowani jak upośledzeni lub głupi.

UWAGA NA NADMIERNE I FAŁSZYWE POCHWAŁY

Cenne dobro, jakie stanowi pochwała, może zostać całkowicie zdegradowane, gdy chwalenie jest stosowane w sposób manipulacyjny lub nadużywane jako „ocenianie", jeśli jest bezosobowe lub wyróżnia tylko część osób w danej hierarchii (na przykład gdy w zespole ciągle chwalone są te same osoby). Czasem pochwała może mieć wydźwięk protekcjonalny, świadczyć o traktowaniu z góry, a nierzadko też pośrednio zniesławiać i dyskryminować czy wręcz służyć jako szantaż.

Szczególnie niebezpieczne jest mieszanie pochwały z krytyką. Często robimy to nieświadomie, ponieważ nie do końca zdajemy sobie sprawę z tego, co mówimy. Czasem jednak takie krytyczne pochwały są skutkiem wyrachowania. Przykładowo, gdy wyrażamy uznanie, zaczynając od słów: „Dobrze, ale...", albo: „Najpierw to, co pozytywne...". „Chwalona" osoba od razu domyśli się, że prawdziwym motywem wypowiadającego się jest krytyka, a pochwała służy tylko jako narzędzie do sprawniejszego wyrażenia upomnienia i uczynienia go dla odbiorcy pozornie bardziej znośnym. Często przy tej bardzo popularnej „metodzie kanapki" (krytyczna uwaga jest obudowana dwoma pozytywnymi komentarzami) zamiast spodziewanego efektu osiąga się dokładne jego przeciwieństwo, ponieważ pochwała jest odbierana jako środek wywierania emocjonalnego nacisku i subtelna forma szantażu.

ZACHWALONY NA ŚMIERĆ

„Chwalili mnie na śmierć... nie wytrzymam tego dłużej – ta presja, nieustanna presja... coraz silniejsza... chory jestem od tego, naprawdę chory" – mówił przez zaciśnięte zęby przywieziony na oddział ratunkowy mężczyzna z diagnozą: „załamanie nerwowe". Anton dostał zapaści podczas narady w pracy, skarżył się na ucisk w klatce piersiowej i duszności, podejrzewano zawał serca. Badanie fizyczne nie wykazało żadnych nieprawidłowości z wyjątkiem zaburzeń rytmu serca, nieznacznie podniesionego ciśnienia krwi i za wysokiego poziomu lipidów. Wezwany psychiatra stwierdził depresyjny stan wyczerpania, klasyczny zespół wypalenia zawodowego.

Anton miał wysokie kompetencje zawodowe, był uważany za ambitnego i godnego zaufania, w swojej firmie cieszył się uznaniem i był przez wszystkich lubiany. Opowiadał, że spełniał wszelkie prośby, podejmował się każdego dodatkowego zlecenia i rzetelnie je wykonywał, nigdy nie potrafił odmówić. To wszystko go przerosło. Coraz częściej miał wrażenie, że jego dobroduszność jest świadomie wykorzystywana. Zarówno w miejscu pracy, jaki i w życiu prywatnym wszyscy wiedzieli, jak go podejść, a mianowicie uciekając się do takich wypowiedzi jak: „Nikt nie zrobi tego tak jak ty!", „Nikomu innemu byśmy tak nie zaufali jak tobie", „Nie poprosilibyśmy o to nikogo innego", „Jesteś naszą jedyną szansą".

Anton coraz częściej dostrzegał manipulacyjny charakter tego z pozoru bardzo życzliwego zainteresowania, co stało się u niego źródłem rezygnacji i wypalenia się jego silnej motywacji. Został więc przeniesiony do kliniki dla osób cierpiących na zespół wypalenia. Kiedy tam podczas rozmów psychologicznych zapytano go, czego oczekuje od terapii i jaki widzi sens leczenia, udzielił niezwykle znamiennej odpowiedzi: „Po tym, jak już tyle się mnie nachwalono, że aż się rozchorowałem, chciałbym nie dać się zachwalić na śmierć".

Psychologowie dziecięcy ostrzegają, że zbyt częste chwalenie stwarza zagrożenie powstawania narcystycznych zaburzeń osobowości lub sprzyja wykształceniu się silnej zależności od wspierania pochwałami. Jeśli dziecko jest dosłownie za wszystko hojnie chwalone, a więc za każdy naturalny etap rozwoju, za oczywiste dokonania i normalne zachowanie, wówczas te udzielane w dobrej wierze pochwały tracą na wartości i nabierają charakteru coraz częściej stosowanego narkotyku. Jak każdy środek odurzający, pochwała nie może wtedy dać prawdziwej siły psychicznej, tylko staje się źródłem powierzchownych, jakby odurzających stanów emocjonalnych, dających poczucie przewagi i wielkości. Tak zasypywane pochwałami dziecko będzie jak człowiek uzależniony zdane na coraz więcej słów pochwały, na uznanie i podziw. Częstotliwość i dawka pochwał muszą wzrastać, w przeciwnym razie dziecku grożą objawy abstynencyjne, którym towarzyszy kryzys poczucia własnej wartości, lęk przed porażką i wewnętrzna pustka. To z kolei prowadzi do postawy narcystycznej, która może kształtować całą osobowość.

Psychologowie dziecięcy z uniwersytetów w Amsterdamie i Utrechcie ostrzegają wręcz, że przesadzone pochwały mogą stopniowo podważać poczucie własnej wartości u dzieci[16]. Przeprowadzony przez nich eksperyment sugeruje, że dzieci z niską samooceną przy adekwatnych informacjach zwrotnych podejmują się trudnych zadań, podczas gdy przy przesadnych pochwałach całkowicie tracą wiarę we własne siły. Jeśli natomiast dziecko nie doczeka się żadnych dowodów uznania lub otrzyma o wiele za mało życzliwego zainteresowania, całe życie będzie pragnąć tej emocjonalnej pożywki, co oznacza, że również będzie w niemal uzależniający sposób zdane na pochwałę. Zatem za dużo i za mało chwalenia przynosi ten sam efekt.

”

ZARÓWNO ZA MAŁO,
JAK I ZA DUŻO
POCHWAŁ ZWIĘKSZA
ZAGROŻENIE ROZWINIĘCIA
SIĘ OSOBOWOŚCI
NARCYSTYCZNEJ,
CZYLI CHOROBLIWIE
EGOCENTRYCZNEJ.
DECYDUJĄCE SĄ ZATEM
AUTENTYCZNOŚĆ
I ODPOWIEDNIA DAWKA
CHWALENIA.

Wielu ludziom sprawia trudność nie tylko chwalenie, ale i przyjmowanie pochwał. Może to wynikać z obawy przed szkodliwą, nieszczerą pochwałą, z fałszywej skromności lub z tendencji do odrzucania własnej osoby. Przede wszystkim jednak uwidaczniają się tu problemy z radzeniem sobie z emocjami oraz tabuizacja potrzeby życzliwego zainteresowania. Dla wielu osób niemal krępujące jest przyznanie się, że pragną uznania i szacunku. Nie można być przecież zdanym na przychylność i łaskę innych. Filozof i artysta Rabindranath Tagore, pierwszy azjatycki laureat Nagrody Nobla, powiedział: „Twoja pochwała zawstydza mnie, bo skrycie długo o nią błagałem". Być może kryje się za tym niejasne przeczucie, że nie jest się jednak tak pewnym siebie, jak się to udaje przed sobą i innymi. Przypuszczalnie odrzucenie pochwały jest gorącą prośbą o jej powtórzenie, wołaniem o jeszcze większe zainteresowanie zgodnie z mottem: „Kto odrzuca pochwały, chce znów być pochwalony".

WDZIĘCZNOŚĆ DAJE SZCZĘŚCIE

Wdzięczność to szczególna, czynna forma szacunku. Jest świadomym uznaniem doznanego dobrodziejstwa, równocześnie postawą, potrzebą i satysfakcją. W klasycznej naukowej definicji podkreśla się jej ścisły związek z szacunkiem, ponieważ wdzięczność jest postrzegana jako składowa ogólnej postawy życiowej, ukierunkowanej na uznanie i docenienie wszystkiego, co w naszym świecie pozytywne. Wdzięczność, określaną w socjologii jako moralna pamięć ludzkości i uniwersalna cnota, uznaje się za jeden z najważniejszych fundamentów społeczeństwa. Wspiera ona życzliwe kontakty międzyludzkie, ponieważ odbiorcę wdzięczności zachęca do odwzajemnienia dobrego uczynku.

Pozytywną ocenę wdzięczności szczególnie widać w centralnej pozycji, jaką zajmuje ona we wszystkich religiach. W judaizmie stanowi jedno z najważniejszych pojęć w Piśmie Świętym, główną treść wielu modlitw i istotną część nabożeństw. Słynne są psalmy dziękczynne, które koncentrują się wprawdzie na wdzięczności wobec Boga, ale odnoszą się także do wdzięczności za ludzką dobroć i życzliwość. W religii chrześcijańskiej wdzięczność jest uważana za jedną z najwyższych cnót i, po miłości, najgłębszy wyraz prawdziwej religijności. Marcin Luter uważał ją za istotną postawę chrześcijańską jako taką, a współcześni teologowie nazywają ją sednem Ewangelii. Koran jest również przeniknięty ideą wdzięczności wobec Boga. Prorok podkreśla oddziaływanie wdzięczności na własną osobę i innych ludzi, co obrazują jego słowa: „Wdzięczność za obfitość, którą otrzymaliście, jest najlepszą gwarancją, że obfitość ta nie ustanie".

Wielki rzymski mąż stanu i orator Marek Tulliusz Cyceron żadnego innego zobowiązania nie uważał za pilniejsze od podziękowania i oceniał wdzięczność jako „nie tylko największą z cnót, ale również matkę ich wszystkich". W innym miejscu stwierdzał jednak gorzko, wyraźnie rozczarowany ludźmi: „Jeśli chcesz wdzięczności, kup psa", a to powiedzenie zapewne stało się podstawą późniejszego popularnego, pełnego zniechęcenia zwrotu: „Odkąd znam ludzi, kocham psy".

Również w filozofii prowadzono wiele rozważań na temat wdzięczności. Już w 1790 roku szkocki filozof ekonomii Adam Smith opisał trzy podstawowe czynniki psychologiczne wdzięczności: dostrzeganą intencję dobroczyńcy, jego uczucia wobec odbiorcy oraz sukces działania, który jest odwzajemniony wdzięcznością. Czyż to nie pokazuje, co powinna zawierać oparta na szacunku postawa?

W przeciwieństwie do znacznie szerszego pojęcia szacunku wdzięczność można zbadać metodami naukowymi.

W nauce rozróżnia się:

- wdzięczność osobowościową, która poprzez różne okoliczności życiowe i sytuacje odnosi się w stałej, intensywnej formie do osoby lub siły wyższej, oraz częstsze
- uczucie wdzięczności, które jest raczej chwilowym poruszeniem pojawiającym się, gdy ktoś otrzyma konkretną pomoc.

Za pomocą różnych metod pomiarowych udało się udowodnić, że osoby wdzięczne są bardziej zadowolone z życia i swoich relacji społecznych niż pozostali ludzie, lepiej radzą sobie ze stresem i rzadziej cierpią na depresję, zwłaszcza w okresach wstrząsów, a także mają

”

WIELU BADACZY DOCHODZI DO WNIOSKU, ŻE ZE WSZYSTKICH CECH OSOBOWOŚCIOWYCH WDZIĘCZNOŚĆ JEST NAJŚCIŚLEJ ZWIĄZANA ZE ZDROWIEM PSYCHICZNYM.

ogólnie wyższe poczucie własnej wartości, głębiej odczuwają sens życia i ostatecznie są szczęśliwsze.

Wiedza ta trafiła również do pedagogiki. Terapeutka rodzinna Wendy Mogel[17] stwierdziła, że u wielu dzieci wykazujących problemy psychiczne oprócz zwiększonej zachłanności na coraz to nowsze i bardziej sensacyjne wrażenia głównym zaburzeniem był brak wdzięczności. W ramach strategii wychowawczych zaleca ona praktykę dziękowania. To pozwoli znów skupić uwagę dziecka na codziennych, zwykłych wyrazach zainteresowania. Dzieci przeżywają wówczas każdą prostą, błahą przyjemność jako wielką radość, co wspiera uważność, samoświadomość i przeżywanie emocji.

Wszystko, co jest ważne w kontekście pochwał i wdzięczności, streszczam poniżej jeszcze raz w przejrzysty sposób. Dzięki temu będzie ci łatwiej zastosować oparte na szacunku sposoby działania w życiu codziennym.

WSKAZÓWKI

- **Wielu ludziom z trudem przychodzi udzielanie i przyjmowanie pochwał. Wyjdź naprzeciw pierwotnej ludzkiej potrzebie otrzymywania tej formy uznania i hojnie chwal innych.**

- **Wyrażaj pochwałę zawsze własnymi słowami, a nie schematycznymi frazesami, i dostosuj ją do indywidualnych potrzeb danego odbiorcy.**

- Chwal nie tyle rezultat, co włożony wysiłek i koncentrację. W ten sposób będziesz wspierać przede wszystkim dzieci w kreatywnym i pełnym motywacji podejściu do wyzwań i nietraktowaniu porażki jak katastrofy.

- Nie chwal ciągle w kwestiach, które są oczywiste. W przeciwnym razie pochwały staną się coraz częstsze, czyli deprecjonujące, i będą sprzyjać egocentryzmowi i samolubstwu oraz uzależnieniu od pochwał.

- Zwróć uwagę na to, by za pomoc i przysługi niekoniecznie odwzajemniać się drogimi wyrazami wdzięczności, tylko podziękować z serca.

- Skup się na tym, co w twoim życiu dobre i piękne. W ten sposób wypracujesz w sobie pełną wdzięczności postawę wewnętrzną, zgodną z mottem polityka i filozofa Francisa Bacona: „To nie szczęśliwi są wdzięczni, ale wdzięczni są szczęśliwi".

SZACUNEK DLA PARTNERA I TOWARZYSZA ŻYCIA

Małżeństwa bywają nieszczęśliwe nie z braku miłości, ale z braku przyjaźni.

FRIEDRICH NIETZSCHE

Kryzysy w związkach zaczynają się w momencie ustania szacunku. Jeśli ten fundament każdej dobrej relacji międzyludzkiej zniknie, istnieje duże ryzyko, że szkody tej nie będzie się już dało naprawić. Zakochanie jest ograniczone w czasie i przemija, do miłości nie da się zmusić, jednak komunikacja oparta na szacunku może i musi zostać zachowana. W przeciwnym razie niewielka jest szansa na stabilny, odporny na kryzysy związek (lub jeśli to konieczne, rozstanie w zgodzie). Szacunek to podstawa przyjaźni, która w razie potrzeby może – jak most łączący wszystkie etapy szczęśliwych i trudnych chwil – przeżyć miłość.

Utrata szacunku następuje, gdy u początkowo idealizowanego partnera wychodzą na jaw jego mniej pozytywne cechy, gdy poznaje się go z jego wszystkimi zaletami i wadami. Początkowo decyzja o wejściu na wspólną drogę życiową daje poczucie bezpieczeństwa, potem stopniowo pojawia się wrażenie, że nie trzeba się już starać o względy drugiej osoby. Stopniowo partnerzy rezygnują z wielu drobiazgów, które składają się na szacunek – z pocałunku na dobranoc, z podziękowania, z ciepłego uścisku dłoni... Gdy możliwość polegania na drugiej osobie staje się przyzwyczajeniem, a codzienne przysługi zaczynają być traktowane jako nieceniona już oczywistość, znika wzajemny respekt. Ale jak już powiedział Immanuel Kant, „bez szacunku nie ma miłości". Uwaga, uznanie i zainteresowanie nie biorą się znikąd – musimy o nie dbać i je pielęgnować.

WSZYSTKO „W NORMIE"?

Willfried, czterdziestoczteroletni rzemieślnik, został przywieziony do szpitala psychiatrycznego z diagnozą „atak histerii". Zupełnie niespodziewanie, krzycząc, rzucił się na swoją żonę, zaczął okładać ją pięściami, potem pobiegł do swojego warsztatu i zadał sobie dłutem głębokie rany na szyi. W czasie poprzedzającym te zdarzenia nie wydarzyło się nic szczególnego, nie doszło do żadnej nerwowej sytuacji czy kłótni. Willfried nie był pod wpływem alkoholu, uważano go za stabilnego psychicznie, w żadnym razie nie był impulsywny czy agresywny.

W rozmowie ze mną Willfried opowiedział, że jego żona całkowicie przestała obdarowywać go dobrym słowem, nigdy nie pytała go, jak się czuje, czy się martwi ani jakie ma plany: „Nie było już tych oczywistych drobnostek w życiu". Willfried na próżno liczył na uwagę i zainteresowanie, na uśmiech lub słowo zachęty. Coraz tęskniej czekał na reakcję emocjonalną, ale na darmo: „Nigdy nie było kłótni, ciągle tylko ten chłód!". Żadne próby rozmowy z żoną o problemie nie przynosiły rezultatu. Nie było też nikogo, z kim mógłby porozmawiać o swojej frustracji. Żona uważała, że przecież wszystko jest „w normie".

Ta sytuacja wywołała u Willfrieda wściekłość i bezsilność. Cała ufność i radość życia zniknęły. Wszystko z czasem straciło sens, nic nie przedstawiało już żadnej wartości.

W każdej relacji międzyludzkiej pojawiają się nie tylko zmagania z szacunkiem, ale także ciągła walka o niego. Kto kocha bardziej i kto jest zbyt mało kochany? Czy emocje jednej osoby są głębsze, czy druga osoba nie dostaje ich wystarczająco dużo? Która strona zachowuje się taktowniej, a która ma większe ego? Kto ucieka w destrukcyjne milczenie, a kto jest w stanie przełamać ciche dni? Kto stanowi dla kogo większą wartość, a czyje działania są niewystarczająco doceniane? To wszystko pytania, które – mniej lub bardziej świadomie – zadajemy sobie w związku.

STAWIĆ CZOŁA JEŹDŹCOM APOKALIPSY

Elementarne znaczenie szacunku zostało przedstawione w kilku naukowych koncepcjach dotyczących związków. W najważniejszej tego typu pracy znany badacz związków John Gottman opisuje cztery zasadnicze czynniki, przez które związki się rozpadają. Opierając się na obrazie z Apokalipsy Świętego Jana (rozdział 6) o zapowiedzi końca świata, wymienia „czterech jeźdźców Apokalipsy", którzy w zasadniczy sposób dotyczą kwestii szacunku:

1. **Krytyka:** Chodzi tu o destrukcyjną krytykę, zawierającą uogólnienia, oskarżenia i obelgi odnoszące się do drugiej osoby. Taka krytyka prawie zawsze kończy się ogólnym potępieniem i odrzuceniem partnera czy partnerki. Zamiast poruszać problemy w ten sposób, Gottman proponuje zrezygnować z przypisywania winy na rzecz opisu sytuacji. Skargi powinny dotyczyć konkretnych wydarzeń i odnosić się raczej do własnych odczuć niż do charakteru partnera, tak aby nie był on zmuszony do przyjmowania postawy obronnej.
2. **Lekceważenie i pogarda:** Przeciwieństwo szacunku wyrażane jest przez sarkazm, cynizm, szyderstwo i brak respektu. Pogarda, którą Gottman uważa za najniebezpieczniejszą z czterech jeźdźców, to wynik druzgocącego krytycyzmu i nierozwiązanych

konfliktów. Pogarda ma na celu zranienie partnera czy partnerki i uniemożliwia jakąkolwiek formę kontaktu mającą na celu rozwiązanie problemu.

3. **Usprawiedliwianie:** Ta reakcja na krytykę i pogardę zwykle pociąga za sobą równocześnie oskarżenie drugiej osoby. A to z kolei prowadzi raczej do eskalacji niż do rozwiązania konfliktu, ponieważ zaprzecza się tym samym własnemu, prawie zawsze istniejącemu udziałowi w sporze.
4. **Zamykanie się:** Ten ostatni z czterech jeźdźców Apokalipsy, według Gottmana znacznie częstszy u mężczyzn niż u kobiet, jest związany z milczeniem i wycofaniem się. Werbalne i emocjonalne zamykanie się na drugiego człowieka uniemożliwia jakąkolwiek rozmowę i oznacza koniec komunikacji. Często jest również wyrazem pogardy.

Później inni psychologowie i terapeuci dodali do tej listy piątego jeźdźca: demonstrację władzy, która jest jednak zawarta w mniejszym lub większym stopniu we wszystkich pozostałych czterech.

Na podstawie tych ustaleń Gottman dokonał obliczeń statystycznych: jeżeli wszystkie cztery destrukcyjne zachowania występują w związku, prawdopodobieństwo jego rozpadu wynosi 82 procent. Podejmując próby pomiaru wagi pozytywnych i negatywnych interakcji w związku, wyliczył tak zwaną stałą Gottmana, z której wynika, że związek jest stabilny i funkcjonuje w sposób zadowalający, gdy stosunek zachowań opartych na szacunku do zachowań destrukcyjnych wynosi co najmniej 5:1. Nie chodzi więc o to, by unikać sporów i kłótni, ale o to, by każde negatywne zachowanie zrekompensować pięcioma pozytywnymi. Na podstawie swoich obserwacji i badań Gottman podaje siedem podstawowych zasad, które mogą uczynić związek szczęśliwym.

1. **Weryfikujcie wiedzę o sobie nawzajem, odnosząc ją do najnowszego stanu, co oznacza nie tylko dobrą znajomość partnera, ale również dostrzeganie zachodzących u niego zmian. To sprawi, że będziecie dla siebie nawzajem interesujący.**
2. **Dbajcie o sympatię i podziw dla siebie nawzajem, ponieważ tylko wtedy, gdy będziecie okazywać sobie pozytywne uczucia, będą one elementem wspierającym związek.**
3. **Zwracajcie się w swoją stronę, a nie odwracajcie się od siebie nawzajem, czyli bądźcie ze sobą w kontakcie emocjonalnym, również w (czasem uciążliwym) życiu codziennym.**
4. **Pozwólcie, by partner miał na was wpływ lub, inaczej mówiąc, bądźcie skłonni do kompromisu – liczy się zdanie każdego z was.**
5. **Rozwiążcie te z problemów, które da się rozwiązać, unikając przy tym jeźdźców Apokalipsy; tolerujcie błędy drugiej osoby, biorąc pod uwagę, że są również problemy nierozwiązywalne.**
6. **Przezwyciężajcie impasy, czyli respektujcie podstawowe różnice osobowości, i zastanówcie**

się wspólnie, jak chcecie unikać lub rozwiązywać powtarzające się, wynikające z różnic konflikty.

7. **Stwórzcie wspólne plany: dzielcie się marzeniami i dążcie do wspólnych celów.**

Według Gottmana podstawą każdego związku jest jednak przyjaźń. Nazywa ją „sercem każdego związku". To dzięki przyjaźni można zachować szacunek nawet w trudniejszym czasie. Znaczenie szacunku jest szczególnie podkreślone w drugiej zasadzie, przy czym pamiętajcie, że szacunkiem nie tylko się obdarza, ale należy go również wymagać.

OMIJAĆ POLA MINOWE MIŁOŚCI

Obecnie coraz częściej jako główny problem konfliktów w związkach wymieniana jest narcystyczna postawa partnera. Wynika to nie tylko z popularności pojęcia narcyzmu i dość wybiórczego postrzegania zachowań narcystycznych, ale także z rzeczywiście coraz częstszego ich występowania w epoce egocentryzmu.

W relacjach partnerskich szczególnie dotkliwe są narcystyczne obrazy, bezwzględne i pozbawione empatii zachowania lub ciągłe poniżanie. Narcystyczny partner domaga się całego szacunku dla siebie i nie jest w stanie dać odpowiednio dużo szacunku drugiej osobie. Związki dwóch narcyzów z reguły nie są trwałe, ponieważ nie ma w nich prawie żadnego szacunku dla drugiej osoby i ponieważ narcyz nie toleruje żadnych innych bóstw wokół siebie, również w związku. Komplementarne związki, w których osoba narcystyczna daje upust swojemu narcyzmowi, a druga osoba nie ma nic przeciwko temu, często również nie mają szans przetrwania. W pewnym momencie bowiem ktoś, kto stanowi ogniwo uzupełniające dla swojego partnera, przestaje być zadowolony z roli wielbiciela i potakiwacza i próbuje stać się niezależnym lub się zdystansować. Jednak głęboko urażony narcyz obstaje przy swoim dawnym domaganiu się władzy, używając początkowo racjonalnych argumentów i odwołując się do sumienia, a w końcu uciekając się do błagań i gróźb. W większości przypadków prowadzi to do pogłębienia kryzysu, a wcześniej podporządkowujący się, uległy partner definitywnie się odcina. Wiele z tragedii w związkach to nic innego jak zakończenie pewnego procesu, spotęgowanego przez egocentryzm i brak szacunku.

Rozczarowani partnerzy często skarżą się, że nie czują się wystarczająco kochani przez drugą osobę. Nieraz trudno jest rozpoznać, czy wymagania cierpiącego partnera są nacechowane narcystycznymi potrzebami i dlatego są zbyt wygórowane, czy też druga strona rzeczywiście poświęca mu zbyt mało odczuwalnej uwagi. Czasami trzeba jednak przyznać, że pożądana większa głębia emocjonalna nie jest dla partnera osiągalna, ponieważ nie ma on wyższych kompetencji emocjonalnych lub padły one ofiarą kryzysu szacunku.

Wiedeńska terapeutka par i seksuolog Claudia Wille wymienia cztery „pola minowe miłości”[18], wszystkie związane z malejącym szacunkiem:

1. **Problematyczna komunikacja:** Do satysfakcjonującej i opartej na szacunku komunikacji oprócz konstruktywnego klimatu dyskusji i akceptowalnej kultury prowadzenia konfliktu należy również umiejętne zarządzanie stresem. Radzenie sobie z osobistym stresem i napięciami w związku decyduje o stabilności relacji. Potrzebna jest równowaga i opanowanie.
2. **Zła organizacja:** Każdy dobry związek wymaga pewnej struktury, zarówno na płaszczyźnie gospodarstwa domowego czy pracy zawodowej, jak i spędzania czasu wolnego. Tylko podczas rozmów opartych na szacunku można ustalić, kto podejmie się których zadań, jak przedstawia się wartość pracy w gospodarstwie domowym i pracy zarobkowej, jakie zasady obowiązują przy wychowywaniu dzieci i jak należy prowadzić finanse.
3. **Obrazy:** W związku obrazy są często tak boleśnie przeżywane, ponieważ kocha się ich nadawcę, jest on więc bardzo ważny i cenny. Nasuwa się zatem pytanie, jak dwoje ludzi może radzić sobie z dawnymi urazami, czy powinno się mówić o zranieniach i lękach i dyskutować o spełnionych i niespełnionych oczekiwaniach. Trzeba również analizować rzeczywiste i domniemane prawa.

Ponieważ żądania są często odczuwane jako upokarzające, należałoby raczej okazywać wdzięczność za wszelkiego rodzaju zainteresowanie, włączając w to seksualność, a nie rościć sobie do nich prawa.

4. **Dawne obciążenia z dzieciństwa:** Często nieuświadomione doświadczenia, które kształtowały charakter w rodzinie pochodzenia, mogą bardzo przeszkadzać w pielęgnowaniu opartego na szacunku stosunku do późniejszego partnera, na przykład gdy przenosi się na niego uczucia do nieczułej matki czy surowego ojca. Szczególnie obciążające są retraumatyzacje, otwieranie starych ran. Tylko gdy zna się wrażliwe punkty partnera, zarówno jego wartości, jak i niezagojone rany, można traktować go z uważnością i szacunkiem.

Również wśród wymienionych przez amerykańską terapeutkę par Mirę Kirshenbaum typowych, ułożonych według częstotliwości występowania przyczyn kryzysów w związkach problemy na tle szacunku figurują na pierwszych miejscach. Chodzi tu po pierwsze o zaniedbanie podstawowych potrzeb, czyli okazywania zainteresowania, respektu, życzliwości i uznania, a w bardziej nasilonej formie o deprecjację i pogardę dla partnera. Innym ważnym czynnikiem powodującym kryzysy jest stres codziennego życia, który nie pozostawia już przestrzeni na pielęgnowanie związku. Negatywne zachowania komunikacyjne, takie jak zamykanie się na drugą osobę i milczenie, także są przyczyną problemów partnerskich. Niezaspokojone potrzeby lub ciągła walka o nie oraz niesatysfakcjonujące życie seksualne znajdują się na piątym i szóstym miejscu. Czasami różnice między partnerami są po prostu zbyt duże, aby móc je pogodzić. Związek mogą obciążać też rany zadane przez partnera, jeśli się nie zagoją i są źródłem rozgoryczenia. Na dziewiątym miejscu listy Kirshenbaum znajdują się problemy osobowościowe, takie jak choroby psychiczne, które jedna ze stron wnosi do związku. Wreszcie na dziesiątym miejscu plasuje się „pułapka zerowych oczekiwań". Także ona wiąże się z brakiem szacunku. Błędne koło – im mniej oczekuję, tym mniej z siebie daję, im mniej daję, tym mniej dostaję, im mniej dostaję, tym mniej oczekuję – skutkuje brakiem zainteresowania wspólnymi przedsięwzięciami, wycofaniem się, nudą i ostatecznie brakiem respektu.

JAK STWORZYĆ ZWIĄZEK OPARTY NA SZACUNKU

Jeśli wzajemny szacunek w związku jest oczywisty i stale się utrzymuje, partnerzy oszczędzają sobie wielu nieprzyjemności, konfliktów, stresu i frustracji. Wtedy najczęściej, również w trudniejszych sytuacjach, mogą zrezygnować z rozmów kryzysowych, interwencji terapeutycznej czy udziału w spotkaniach dla partnerów. Szacunek nie może oczywiście zapobiec wszystkim problemom pojawiającym się w związku ani sam w sobie ich rozwiązać. Stanowi jednak gwarancję integralności podstawy związku i dobrej woli partnerów, by go utrzymać. Kryzysy mogą wtedy stać się uzdrawiającym nowym początkiem, mogą wspierać rozwój osobowości obojga partnerów, poprawiać umiejętność tworzenia relacji i zwiększać gotowość do szacunku, a tym samym poczucie własnej wartości.

Jeśli podsumujemy wyniki badań, w których analizowano relacje między partnerami, otrzymamy sześć punktów, które są warunkami udanego związku i wszystkie ściśle wiążą się z szacunkiem. Poniżej zestawiam je w formie wskazówek, które mogą wam pomóc w tworzeniu dobrego związku.

WSKAZÓWKI

Budujcie związek oparty na szacunku. Poniższe punkty pomogą wam to zrobić.

1. **Powinniście się dobrze znać nawzajem, czyli znać swoją historię, troski i problemy oraz dobre i złe strony partnera.**

2. **Zwróćcie uwagę na uczucie przywiązania i pielęgnujcie je przez słowa i gesty.**

3. **Nie dystansujcie się nawet w razie konfliktów, ale szukajcie kontaktu i rozmowy, również wtedy, gdy wyrósł już między wami mur milczenia.**

4. Szanujcie się nawzajem i akceptujcie partnera w całości, ze wszystkimi jego niedociągnięciami. Dotyczy to również, a nawet w szczególności, sytuacji problematycznych.

5. Dzielcie się władzą i zapewniajcie w ten sposób równowagę w związku. Tylko wtedy możliwe jest spotkanie jak równy z równym, na płaszczyźnie opartej na szacunku.

6. Spróbujcie nie postrzegać problemów jako siły niszczącej, ale jako wyzwanie. To umożliwi wam każdemu z was dalszy rozwój w związku i poznawanie się wciąż na nowo...

KORZYŚĆ DLA WSZYSTKICH: DOBRA ATMOSFERA W PRACY

Szefem nie jest ten, kto coś robi, lecz ten, który wzbudza chęć robienia czegoś.

EDGARD PISANI

Badania naukowe mają tę zaletę, że zawsze są traktowane poważnie, nawet jeśli jedynie potwierdzają ludzkie doświadczenia lub właściwie oczywiste prawdy. W przypadku mało którego zagadnienia doświadczenia ludzkie pokrywają się tak dalece z wynikami badań jak w kwestii pozytywnego oddziaływania opartej na szacunku atmosfery w pracy i umacniającego wpływu, jaki mają pochwała i uznanie na wydajność i samopoczucie pracowników. Jeśli w firmie panuje kultura wzajemnego szacunku, prowadzi to do większej satysfakcji, wyższej produktywności i silniejszej identyfikacji pracowników z firmą.

Wszystkie badania pokazują, że szacunek jest zdecydowanie najważniejszym czynnikiem wpływającym na motywację i zaangażowanie w pracy. Na przykład w 2013 roku grupa badaczy pod kierownictwem profesor psychologii Danieli Lohaus z Uniwersytetu Technicznego w Darmstadt analizowała, jakie cechy decydują o atrakcyjności pracodawcy[19]. Na pierwszym miejscu wymieniono klimat pracy oparty na uznaniu i szacunku. Dla porównania kwestia wynagrodzenia z uwzględnieniem świadczeń socjalnych znalazła się dopiero na siódmym miejscu. W badaniu przeprowadzonym przez Instytut Gallupa w 2012 roku w firmach z trzydziestu czterech krajów stwierdzono, że produktywność była o 21 procent, a rentowność o 22 procent wyższa, gdy istniał wysoki poziom emocjonalnego przywiązania do firmy – co jest mocno uzależnione od atmosfery opartej na szacunku[20]. Również absencja była o 37 procent niższa, a braki jakościowe o 41 procent niższe niż u pracowników, którzy byli mniej emocjonalnie związani ze swoją firmą.

Badanie przeprowadzone przez psycholog Barbarę Fredrickson i doradcę biznesowego Marciala Losadę[21] wykazało, że w firmach stosujących oparte na szacunku podejście do pracownika zarówno satysfakcja z pracy i chęć osiągania dobrych rezultatów, jak i produktywność wypadają znacznie lepiej. Wzór wyprowadzony z tego badania, współczynnik Losady, pokazuje, że każda negatywna wypowiedź skierowana do pracownika powinna być skompensowana trzema pozytywnymi. Jeśli przestrzega się tej zasady, można stworzyć przyjazną, a jednocześnie służącą rentowności atmosferę w pracy. Nagroda popłaca, zarówno dla przedsiębiorstwa, jak i dla pracowników.

GRATYFIKACJA, CZYLI WAŻNA ROLA WYNAGRODZENIA

Na płaszczyźnie naukowej przyjęło się pojęcie „gratyfikacja" oznaczającego wszystko, co jest związane z pochwałą, uznaniem i wdzięcznością w środowisku pracy. Słowo to pochodzi od łacińskiego *gratificatio*, co w dosłownym tłumaczeniu oznacza przysługę. Chodzi tu nie tylko o dodatkowe wynagrodzenie finansowe do pensji, ale o każdy rodzaj nagrody, czyli również bezpieczeństwo w miejscu pracy, możliwość awansu oraz uznanie i szacunek. Jednak korzyści materialne i niematerialne muszą być namacalne lub odczuwalne dla odbiorcy, aby można je było uznać za gratyfikację.

Ogromna potrzeba otrzymywania pochwał i uznania w miejscu pracy została wyraźnie wykazana w obszernym i bardzo szczegółowym badaniu przeprowadzonym przez inicjatywę Kraftwerk Anerkennung[22]. Na pytanie o konsekwencje braku docenienia 97,5 procent uczestników wymieniło spadek zaangażowania, 94 procent słabsze identyfikowanie się z firmą. 73 procent badanych obawiało się rosnącego wskaźnika wypalenia zawodowego, a 92 procent dostrzegło zagrożenie związane z „wewnętrznym wymówieniem". Szkody gospodarcze spowodowane przez niezadowolenie w miejscu pracy według różnych szacunków są oceniane tylko w samych Niemczech na prawie sto miliardów euro rocznie.

W tym samym badaniu stwierdzono, że dziewięciu na dziesięciu respondentów chciałoby spotkać się z większym uznaniem. Prawie 60 procent stwierdziło, że w miejscu pracy słyszy słowa uznania lub pochwały nie częściej niż raz w miesiącu. Na kolejną pozytywną informację zwrotną pracownicy muszą czekać średnio siedemdziesiąt pięć dni. Podczas gdy 81 procent menedżerów uważało, że często wyraża uznanie, 60 procent respondentów oceniło gotowość swoich przełożonych do okazywania uznania jako bardzo umiarkowaną.

Jak dochodzi do kryzysu gratyfikacji

O kryzysie spowodowanym brakiem gratyfikacji można mówić wtedy, gdy pracownicy mają poczucie, że przez dłuższy czas wkładali wiele wysiłku w pracę, nie otrzymując za to odpowiedniej nagrody. Zgodnie z modelem opracowanym przez socjologa medycyny Johannesa Siegrista można sobie wyobrazić taką sytuację jako wagę szalkową: na jednej szalce znajdują się osiągnięcia, a na drugiej nagrody za nie. Jeśli szalka, na której znajduje się wysiłek, jest cięższa, może dojść do kryzysu ze wszystkimi związanymi z nim zagrożeniami. Z jednej strony osiągnięcia wynikają z własnej wewnętrznej motywacji, z drugiej ważną rolę odgrywają również wpływy z zewnątrz, takie jak presja na wysoką wydajność, nadgodziny i zwielokrotnione obciążenie pracą.

IMPREZA BOŻONARODZENIOWA 1999

Była jesień 2015 roku. Na zebraniu kierownictwa, w którym uczestniczył cały zarząd i wszyscy kierownicy działów, rozmowa szybko zeszła na temat złej atmosfery w pracy i niskiej kultury szacunku. Walter, jeden z najstarszych pracowników, miał odwagę powiedzieć prosto w twarz właścicielowi firmy, który również był obecny na spotkaniu, a był patriarchalnie zarządzającym szefem ze starej szkoły, że w jego firmie nigdy nie słyszy się pochwał. Skrytykowany dyrektor poczuł się wyraźnie dotknięty. Wzdrygnął się, chwilę się zastanowił i w końcu odpowiedział: „Nieprawda, wiem… kiedyś cię pochwaliłem, pamiętam dokładnie. To było… na imprezie bożonarodzeniowej… w 1999 roku!".

Niebezpieczeństwo kryzysu na tle gratyfikacji staje się tym większe, im silniejsza jest motywacja i nastawienie pracownika na dobry rezultat pracy, im sztywniej skonstruowane są umowy o pracę i im mniejsze są możliwości zmiany wykonywanej pracy lub funkcji w obrębie firmy. Główny wniosek, jaki można wyciągnąć z modelu Johannesa Siegrista, stanowi to, że doświadczenie powtarzającego się braku równowagi między wysoką wydajnością a niską nagrodą wywołuje intensywne reakcje stresowe. Brak docenienia, zwłaszcza na płaszczyźnie zawodowej, stanowi najważniejszy czynnik stresogenny. Dotyczy to zarówno obszaru rzeczywistej oceny wyników, jak i obszaru emocji oraz reakcji fizycznych. Szczególnie niebezpieczne są towarzyszące takiej sytuacji negatywne uczucia, takie jak lęk, złość, wściekłość czy bezradność. Natomiast w sferze fizycznej aktywuje się tak zwana oś stresu, co może prowadzić do frustracji, rezygnacji i zespołu wypalenia zawodowego (patrz też strony 211–235), ale także do wzrostu ciśnienia krwi, zaburzeń rytmu serca i rozregulowania metabolizmu tłuszczów i cukrów.

Siegrist wykazał również w badaniach eksperymentalnych, że u osób doświadczających kryzysu gratyfikacji zawodowej ucierpią te psychobiologiczne wzorce reakcji, które są decydujące dla rozwoju depresji, jak na przykład dotyczące hormonów stresu i obrony immunologicznej. Ryzyko depresji zwiększa się wyraźnie w przypadku utrzymującej się reakcji oczekiwanie-rozczarowanie.

PSYCHOTERROR – MOBBING

Największym antagonistą szacunku we współczesnym środowisku pracy jest forma nadużywania władzy, określana również terrorem psychologicznym lub coraz częściej mobbingiem (patrz również strony 53 i 146–147). Chodzi tu o proces systematycznego wykluczania, poniżania i dewaluowania człowieka przez jedną lub więcej osób, głównie w miejscu pracy, ale także w życiu prywatnym. Do mobbingu (od angielskiego *mob* – atakować, napastować kogoś) zalicza się również bullying (od angielskiego *bully* – brutal) i stalking (od angielskiego *to stalk* – polować, skradać się, szczuć), oznaczające uporczywe prześladowanie i nękanie.

Podczas gdy mobbing jako zachowanie lub destrukcyjna interakcja społeczna nie jest trudny do opisania, zjawisko to niełatwo ująć w kategoriach prawnych. Tak jak w przypadku wszelkiego rodzaju obrazy dane działania są przeciwstawnie interpretowane przez ich nadawcę i odbiorcę. Ofiary mówią o „piekle", przez które musiały przejść, sprawcy o całkiem normalnym, „może czasem trochę szorstkim" zachowaniu.

Według ostrożnych szacunków około 10 procent pracowników uważa, że przynajmniej raz w ciągu swojej kariery zawodowej padło ofiarą złośliwych, rozciągniętych w czasie zachowań ze strony przełożonych lub współpracowników. Szczególnie dotknięte tym są osoby wykonujące zawody pedagogiczne i socjalne oraz pracownicy administracji publicznej. Najniższe wskaźniki mobbingu występują w zawodach samodzielnych, takich jak rzemiosło czy rolnictwo.

Mobbing może mieć gwałtowny charakter, na przykład w postaci niszczenia materiałów służbowych lub molestowania seksualnego. Najczęściej jednak stosowany jest mobbing werbalny lub niewerbalny, a w ostatnich latach również coraz częściej cybermobbing, czyli deprecjonowanie lub ośmieszanie innych w sieci. Bierny mobbing polega na ignorowaniu i unikaniu ofiary, zatajaniu ważnych informacji i wykluczaniu jej z różnych środowisk. Poniżej przegląd „ulubionych" metod mobbingu:

1. Mówienie źle za czyimiś plecami.
2. Lekceważące spojrzenia i gesty.
3. Emocjonalna odmowa kontaktu.
4. Destrukcyjna krytyka wyników pracy.
5. Ciągłe wchodzenie w słowo i przerywanie w pół zdania.
6. Ośmieszanie.
7. Zatajanie ważnych informacji.
8. Krzyczenie i głośne wyzywanie.
9. Insynuowanie zaburzeń psychicznych.
10. Wykluczanie z rozmów zespołowych.
11. Przydzielanie bezsensownych zadań lub nieprzydzielanie ich wcale.
12. Krytyka poglądów religijnych i politycznych.

Konsekwencje mobbingu, którego znaczna część przypadków nie jest ujawniana, są dramatyczne. Ofiary odbierają otoczenie jako wrogie i stale towarzyszy im poczucie, że są poniżane jako osoba i kwestionowane jako pracownik. Pojawiają się problemy z koncentracją, drażliwość, pośpiech, brak wiary w siebie, niestabilność nastroju i uczucie rozpaczy, a nawet pragnienie śmierci. Nierzadko u osób doświadczających mobbingu rozwija się zespół zgorzknienia pourazowego (patrz strona 232), czyli reakcja na urazę z długofalowymi skutkami psychicznymi i konsekwencjami

”

MOBBING ODBYWA SIĘ NIE TYLKO Z GÓRY NA DÓŁ CZY NA TYM SAMYM POZIOMIE HIERARCHII. CZĘSTO RÓWNIEŻ PRZEŁOŻENI CZUJĄ SIĘ MOBBINGOWANI, PRZYKŁADOWO, GDY SĄ OŚMIESZANI, PIĘTNOWANI LUB OCZERNIANI ALBO JEŚLI SZPIEGUJE SIĘ ICH ŻYCIE PRYWATNE.

psychospołecznymi, z doświadczaniem poczucia porażki i bezradności. Czasami konsekwencje są tak poważne, że ofiary nie mogą już pracować i muszą przejść na rentę.

Profil „sprawcy" wykazuje raczej zaskakujące odchylenia od normy. Klasyczny mobber nie przejawia cech psychopatycznych, ma natomiast zbyt wysokie lub za niskie wymagania, ukryte poczucie niższości i problemy z tożsamością. Często jest uwikłany w konflikty poza miejscem pracy. I wcale nie tak rzadko sam kiedyś padł ofiarą działań mobbingowych i zupełnie jak kozioł ofiarny, który doświadcza cierpień z góry, przekazuje je dalej na dół.

Mobbing w miejscu pracy jest niewątpliwie nadużyciem władzy, ale czasami służy również rozładowywaniu agresji. Wielu mobberów boi się porażki zawodowej, czasem zabiegają oni o uznanie, którego odmawia się im w życiu prywatnym lub w pracy. Wówczas są zadowoleni, gdy mogą podnieść swoje poczucie własnej wartości poprzez deprecjację innych.

Podsumowując, można powiedzieć, że destrukcyjne zachowania pojawiają się wszędzie tam, gdzie ludzie koegzystują. Zarówno sprawców, jak i ofiary mobbing kosztuje wiele osobistego wysiłku i sporo instytucjonalnej energii całej firmy lub organizacji, dlatego stanowi on ważny czynnik powodujący szkody w przedsiębiorstwie. Najlepszym antidotum na tę sytuację jest wcielanie w życie i pielęgnowanie szacunku.

WDRAŻANIE KULTURY SZACUNKU WŚRÓD KIEROWNICTWA I PRACOWNIKÓW

Każda forma kultury szacunku w środowisku pracy zaczyna się od pozytywnego stylu zarządzania, opartego na szacunku zachowania kierownictwa w stosunku do podległych mu pracowników. Dobry styl zarządzania ma pozytywne oddziaływanie już na etapie procesu rekrutacji, wzmacnia lojalność pracowników wobec firmy, zwiększa ich motywację oraz satysfakcję i w dużej mierze odpowiada za sukces przedsiębiorstwa.

Można wyróżnić autorytarny, demokratyczny, patriarchalny, autokratyczny i biurokratyczny styl zarządzania, a także styl charyzmatyczny i leseferystyczny. Te dwie ostatnie formy odbierane są jako w szczególny sposób oparte na szacunku. O człowieczej aurze charyzmatyków decyduje ich empatia i postawa będąca wzorcem dla innych oraz ich oparty na szacunku kontakt z ludźmi. Leseferystyczny styl zarządzania umożliwia pracownikom samodzielną pracę i podejmowanie autonomicznych decyzji, co wyzwala ich kreatywność i wzmacnia poczucie bycia docenianym.

Idealne kierownictwo jest ukierunkowane na poszczególnych członków grupy, czyli traktuje pracowników indywidualnie, ale sugeruje się też stylem funkcjonowania grupy. Zawsze konieczne są działania wspierające, zachęcające, dopingujące, integrujące, a czasem również stopujące, ale zawsze oparte na szacunku do drugiego człowieka. Z tego względu osoby na kierowniczych stanowiskach oprócz wysokich kompetencji zawodowych powinny mieć również umiejętności społeczne i być wyczulone na problemy pracowników. Dodatkowo powinny umieć poruszyć tematy tabu i prowadzić rozmowy interwencyjne. Wzór dawany przez kierownictwo (przełożeni zawsze są naśladowani przez podwładnych) jest kluczowym warunkiem rozwoju kultury szacunku w przedsiębiorstwie.

Ale również sami pracownicy są powołani do swojego wkładu na rzecz atmosfery w pracy. Istotnym elementem jej poprawy jest aprobata kultury szacunku oraz chęć zarówno kierownictwa, jak i personelu do podejmowania wspólnego wysiłku na rzecz jej budowania. Aby móc wdrożyć odpowiednie środki w firmie, należałoby najpierw przeprowadzić anonimową ankietę wśród pracowników i określić na jej podstawie aktualny stan kultury szacunku w firmie. W kolejnym kroku warto wspólnie opracować zasady sprawiedliwego wynagrodzenia i udziału w zyskach, tworzenia oferty szkoleniowej oraz awansu w obrębie firmy. Poprzez spotkania dokształcające można poprawić przepływ informacji w firmie oraz współpracę, co także ma pozytywny wpływ na płaszczyznę kontaktów międzyludzkich.

Wszystkie badania analizujące związek pomiędzy uznaniem społecznym a efektywnością, a także między gratyfikacją zawodową a zdrowiem fizycznym, psychicznym i społecznym prowadzą do jednoznacznych wniosków: szacunek w pracy jest psychologicznym czynnikiem ochronnym, który wyraźnie zmniejsza

”

SPOTKANIA DLA MENEDŻERÓW, KTÓRE OPTYMALIZUJĄ STRATEGIE KIEROWNICZE, PRZYNOSZĄ KORZYŚCI NIE TYLKO PODWŁADNYM, ALE RÓWNIEŻ SZKOLONEMU W TEN SPOSÓB ZESPOŁOWI KIEROWNICZEMU. SZACUNEK DZIAŁA W KOŃCU W DWIE STRONY. WŚRÓD PRACOWNIKÓW DOBRZE SPRAWDZIŁY SIĘ SZKOLENIA DOTYCZĄCE POKONYWANIA STRESU, ZARZĄDZANIA CZASEM I INTERWENCJI KRYZYSOWEJ.

ryzyko wystąpienia chorób związanych ze stresem i ograniczeń funkcjonalnych. Jednocześnie kultura szacunku pozytywnie wpływa na radość z pracy, przywiązanie do firmy, satysfakcję pracowników i ostatecznie sukces ekonomiczny przedsiębiorstwa.

JAK WPROWADZIĆ SZACUNEK W ŻYCIE

Jeśli chcesz siebie poznać,
to spójrz, jak żyją inni;
jeśli chcesz zrozumieć innych –
zajrzyj we własne serce.

FREIDRICH SCHILLER

Jeśli chcemy wprowadzić w nasze życie więcej uwagi, uważności, uznania i akceptacji oraz wykazywać się prawdziwym szacunkiem wobec innych w bezpośrednim i dalszym otoczeniu, musimy przyjąć postawę z gruntu opartą na szacunku. Nie osiągniemy tego, stosując wyćwiczone, powierzchowne zachowania, wyuczone na pamięć frazesy czy utarte formułki. Pełna szacunku postawa ściśle wiąże się z naszą emocjonalnością, dlatego życzliwego zachowania i kontaktu z innymi opartego na akceptacji nie sposób osiągnąć za pomocą instrukcji na obszarze poznawczym, tylko przez zmianę na poziomie emocjonalnym, to znaczy przez pracę nad poglądami, cechami charakteru i sposobami reagowania, nad kompetencjami społecznymi i emocjonalnymi, innymi słowy, nad rozwojem własnej osoby lub swojej osobowości.

OTWARTOŚĆ – BRAMA DO SZACUNKU

Aby wykazać się uwagą i uważnością, potrzebnymi do odczuwania i zachowania opartego na szacunku, trzeba być przede wszystkim otwartym na otoczenie i innych ludzi, alternatywne pomysły i poglądy, prądy kulturowe i polityczne oraz nowe osiągnięcia społeczne i techniczne. Bycie otwartym oznacza:

- Szczerość wobec innych osób i grup ludzi oraz otwartość na odmienne idee; wymaga to czujności umysłowej, zainteresowania i rezygnacji z uprzedzeń.
- Gotowość zaangażowania się w rozmowę z ludźmi, którzy myślą i postępują inaczej niż my sami; chodzi tu o komunikację na równym poziomie, o to, by nie deprecjonować i nie odrzucać innych.
- Umiejętność rezygnacji; dotyczy ona obydwu wcześniejszych punktów. Chodzi o to, by nie absolutyzować własnych poglądów, aby kwestionować odruchowe wzorce reakcji i w razie

potrzeby się ich wyzbyć. Innymi słowy, chodzi o gotowość do dalszego rozwoju osobistego.

Tylko wtedy, gdy są spełnione powyższe warunki, możemy wydawać wyważone osądy i reagować z szacunkiem – nawet jeśli nasze opinie różnią się od opinii rozmówcy. Własne wyobrażenia i utarte sposoby zachowania utrudniają trzeźwe przyjrzenie się problemom.

Bądź ciekawy i zdejmij klapki z oczu

Prawdziwa otwartość umysłu nie jest możliwa bez pewnej dozy ciekawości. W przeszłości uważano ją za złą cechę, a nawet przywarę, dziś natomiast jest definiowana z psychologicznego punktu widzenia jako bodziec lub pragnienie doświadczania nowych rzeczy i poznawania spraw ukrytych. Wiąże się przeważnie z pozytywnymi cechami, takimi jak otwartość na różnorodne doświadczenia, inteligencja, kreatywność, dociekliwość. Jest postrzegana jako bodziec do roztrząsania spraw i warunek wstępny wszelkiego zadziwienia.

Aspekt otwartości związany z komunikacją obejmuje również to, aby nie dać się porwać dominującemu dziś „ideałowi" swobodnego stylu bycia i nonszalancji. Bo ci, którzy chowają się za maską zuchwałości, traktując ją jako ochronę, i kierują swoje uczucia i potrzeby wyłącznie na własne ego, nie otworzą się emocjonalnie. Jako że bycie wyluzowanym i nonszalancja najczęściej łączą się z protekcjonalnością, przemądrzałością i destruktywną krytyką, nie pozwalają na życzliwe otwarcie się na innych, nie mówiąc już o uznaniu i akceptacji. Chodzi więc o to, by zdjąć narcystyczne klapki z oczu lub choć trochę je zsunąć i zastąpić autouzależnienie ukierunkowaniem na ty i my.

W pracę na rzecz ty i my musimy się jednak zaangażować, to znaczy stworzyć most emocjonalny w bezpośrednim kontakcie z innymi. Most ten budują zainteresowanie losem każdego człowieka i specyfiką charakteru każdej osoby oraz odrobina intuicyjnego sprytu. Nie możemy jednak liczyć na to, że wszyscy ludzie będą otwarci i szczerzy, a przełamanie bariery obronnej drugiego człowieka nie jest łatwe, nawet dla terapeuty. Jeśli jednak potraktujemy ten problem jako ciekawe zadanie i wyzwanie, a nie tylko mur obronny, możemy podejść do niego z pozytywnym nastawieniem. Jeśli uda się „złamać" „twardzieli" i „uparciuchów" i nawiązać z nimi kontakt, będzie to świadczyć o naszych psychologicznych umiejętnościach, a przede wszystkim o zdolności traktowania innych z szacunkiem.

Zaciekawienie innymi ludźmi i zaangażowanie się w ich sprawy wymaga również umiejętności słuchania. Dla osób sfrustrowanych, zrezygnowanych i samotnych ogromne znaczenie ma samo poczucie, że znalazł się ktoś zainteresowany ich problemami. Pełne otwartości słuchanie, bez presji czasu, jest zasadniczo także postrzegane jako wyraz dużego szacunku, ponieważ wyraża zainteresowanie i zaangażowanie. Słuchanie oznacza dawanie innym tak cennego dziś dobra, jakim

”

CI, KTÓRZY POTRAFIĄ
SŁUCHAĆ, NIE TYLKO
OKAZUJĄ SZACUNEK,
ALE RÓWNIEŻ SPRAWIAJĄ
NA INNYCH WRAŻENIE
POWAŻNYCH, PEWNYCH
SIEBIE, PEŁNYCH RESPEKTU
I OPANOWANYCH.

jest czas, oraz zapewnianie im poczucia, że traktujemy ich poważnie, że uznajemy ich myśli i problemy za ważne i chcemy w jakimś stopniu dzielić ich los.

Zacznijmy od minimum – od tolerancji

Blisko związana z otwartością jest tolerancja, ponieważ to minimalna forma poszanowania wszystkiego, co znajduje się poza nami. Tolerancja jest akceptującym zrozumieniem dla innych osób i istot, dla indywidualności każdego człowieka i dla całego środowiska w jego różnorodności. Tolerancyjna postawa wraz z otwartością stanowi warunek wstępny podążania najlepszą drogą do osiągnięcia szacunku. Jest to jednak także warunek konieczny dla własnego rozwoju, co podkreślał już Konfucjusz: „Jeśli nie potrafisz pogodzić się z innością drugiego człowieka, jesteś jeszcze daleko na drodze do mądrości".

Tolerancja (od łacińskiego *tolerare*, czyli znosić, wytrzymywać), która jest spokrewniona z wyrozumiałością, oznacza pozostawienie swobody innym ludziom w zakresie poglądów, osobliwości charakteru, stylu życia i obyczajów. W przypadku prawdziwej tolerancji inność nie jest tylko znoszona i ścierpiana, ale bardziej oznacza życzliwe i oparte na szacunku nastawienie do drugiego człowieka, wielkoduszną i liberalną postawę. Nie posuwa się tak daleko jak aprobująca, przychylna akceptacja i jest przeciwstawna do nietolerancji, która nie uznaje żadnych innych opinii niż własne. Tolerancja nie ma też nic wspólnego z rezygnacją z własnych wartości ani nie oznacza zgadzania się z poglądami innych i popierania ich zachowań. Wielki psychoterapeuta Viktor Frankl trafnie ujął znaczenie tolerancji: „Tolerancja nie polega na podzielaniu poglądów drugiego człowieka, lecz jedynie na przyznaniu mu prawa do tego, by w ogóle miał inne zdanie".

W sferze politycznej tolerancja jest uważana za postawę i reakcję tradycyjnego społeczeństwa wobec mniejszości o odmiennych przekonaniach. Tym samym właściwie praktykowana tolerancja jest ochroną dla obu stron – wszyscy zachowują własne wartości, a ci, którzy myślą inaczej, grupy skrajne lub outsiderzy, nie są poddawani represjom. Tolerancja okazuje się więc warunkiem wstępnym pokojowego współistnienia, a także wolności, człowieczeństwa i szacunku.

Jako dziecko oświecenia tolerancja wymaga pewnej neutralności. To znaczy, że nie osądza, tylko obserwuje. Kiedy Goethe w swoich *Refleksjach i maksymach* twierdził: „Tolerancja powinna być właściwie tylko tymczasową postawą, która ostatecznie prowadzi do uznania", odnosił się właśnie do związku tolerancji z szacunkiem, bo przecież uznanie jest istotną częścią składową szacunku (patrz strony 104–107). Albert Schweitzer powiedział nawet, że tolerancja nie jest możliwa bez miłości. Tak czy inaczej tolerancja nie zaciera granic między dobrem a złem i w żaden sposób nie podważa jednoznacznego stanowiska. Nie oznacza ani słabości, ani obojętności, a już na pewno nie bezmyślności czy zaparcia się siebie. Tolerowanie postaw innych nie wymaga wyrzekania się własnych. Prawdziwa tolerancja zakłada

”

PRAWDZIWEJ TOLERANCJI TRZEBA SIĘ NAUCZYĆ. W ŻADNYM RAZIE NIE POWINNIŚMY BYĆ TOLERANCYJNI AŻ PO REZYGNACJĘ Z SIEBIE ANI PRZECIWNIE: STAWIAĆ SPRAW NA OSTRZU NOŻA. TOLERANCJA KOŃCZY SIĘ TAM, GDZIE LUDZIOM ZACZYNA DZIAĆ SIĘ KRZYWDA. WTEDY HASŁO „ZERO TOLERANCJI DLA NIETOLERANCJI” STAJE SIĘ NAPRAWDĘ AKTUALNE.

wręcz siłę ducha i ugruntowany własny świat wartości. Tylko ci, którzy są pewni swego, a w szczególności pewni samych siebie, mogą być tolerancyjni.

Na gruncie filozofii pojęcie tolerancji jest rozważane w kontekście świadomości dobra i zła oraz zagadnienia prawdy i wolności. Jako „cnota niedoskonała" dopuszcza coś, mówi socjolog Kees Schuyt, co w rzeczywistości powinno być odrzucone. W każdym razie tolerancja nie ma dowolnych granic i kończy się tam, gdzie zaczyna doznawać szkody człowiek i przyroda. W tolerancyjnym środowisku ludzie mają wystarczającą swobodę wyznawania różnych wartości i różnych stylów życia, a podstawowe prawa do wolności przekonań i słowa są respektowane.

Nie ulega wątpliwości, że granica między tolerancją i obojętnością z jednej strony a egoizmem z drugiej jest dość cienka. Tolerancja jest zwykle wymagana od innych, ale często kończy się, gdy chodzi o własne interesy.

KOMUNIKACJA OPARTA NA SZACUNKU – RÓWNIEŻ W PRZYPADKU KRYTYKI

Gdy jesteśmy otwarci i nawiązujemy relacje z innymi, ważne jest również, byśmy komunikowali się w dobrym stylu. Szacunek nie może zaistnieć, gdy nie zostanie wyrażony lub jeśli nie będzie dostrzeżony przez odbiorcę. Aby zatem wprowadzić go w życie, oprócz życzliwego okazywania emocji i zainteresowania opartego na otwartości potrzeba odpowiedniej informacji zwrotnej. Musi ona być zgodna z prawdą i uwzględniać podstawowe zasady psychologii chwalenia (patrz strony 237–258).

Umiejętność udzielania informacji zwrotnych – czyli reagowania na innych w sposób oparty na szacunku – wymaga empatii i ukierunkowania na pozytywne strony zachowania lub osobowości drugiego człowieka. Często doceniamy dobre cechy i osiągnięcia, a złe przemilczamy. Prawdziwy feedback nie jest jednak możliwy bez krytyki. Musi być ona jednak konstruktywna, w przeciwnym razie wywołuje opór i sprzeciw, a często nawet poczucie deprecjonowania. Krytyka, która odnosi się głównie do negatywnych zachowań i niekorzystnych cech charakteru, przynosi więcej szkody niż pożytku i wzbudza podejrzenie, że krytykujący nie potrafi całościowo, a więc sprawiedliwe, spojrzeć na dany problem.

Otoczyć empatią całego człowieka

Zdolność do wczuwania się w innych – jak już podkreślałem w wielu miejscach tej książki – to jedna z najwyższych umiejętności człowieka. Warto dodać, że nie chodzi o pozytywne, życzliwe czy pełne współczucia, lecz o zupełnie neutralne wczucie się w drugiego człowieka. Przykładowo dobry psycholog będzie w stanie wczuć się zarówno w osobę powściągliwą, agresywną, o skłonnościach samobójczych czy z historią kryminalną, jak i w człowieka wrażliwego, kreatywnego lub

”

TYLKO CI, KTÓRZY POTRAFIĄ POSTAWIĆ SIĘ NA MIEJSCU INNYCH, MOGĄ OKAZYWAĆ SZACUNEK I GO DOŚWIADCZAĆ.

cierpiącego. Najważniejsze jest znalezienie wspólnej płaszczyzny porozumienia i umiejętność przekazania drugiej osobie swojego współbrzmienia emocjonalnego, aż po sympatię czy współczucie. Nie ma to nic wspólnego z fałszywą wyrozumiałością, podlizywaniem się czy przesadnym psychologizowaniem, lecz jest kwestią inteligencji emocjonalnej (patrz strona 172).

Jednak szacunek i empatia zasługują na swoją nazwę tylko wtedy, gdy postrzegamy innych ze wszystkimi ich dobrymi i złymi cechami, z ich osobliwościami charakteru i wartościami, z ich historią i doświadczeniami. Człowiek nigdy nie jest nienormalny, zaburzony, patologiczny czy przestępczy. Raczej wykazuje on indywidualne anomalie lub cierpi na poszczególne zaburzenia. Nie ma chorego charakteru i nie jest urodzonym przestępcą, lecz różni się od nas i innych konkretnymi cechami osobowości. Trzeba to brać pod uwagę również poza terapią i salą sądową. Uogólnienia, szufladkowanie i kategoryzowanie są sprzeczne z istotą prawdziwego szacunku.

Wyrażanie i przyjmowanie krytyki

O czym więc powinniśmy pamiętać, gdy kogoś krytykujemy? W jaki sposób krytyka – zwykle o negatywnym, dewaluującym zabarwieniu – może sprawić, że dana osoba poczuje się szanowana i respektowana? Kiedy nasza informacja zwrotna może działać jako zachęta i pozytywnie motywować innych? W jaki sposób krytyka może opierać się na szacunku?

Jeśli krytyka podkreśla możliwość poprawy, świadczy to o uwadze i życzliwym zainteresowaniu wobec krytykowanej osoby. Postępując w tak konstruktywny sposób, traktujemy drugą osobę poważnie i dajemy jej do zrozumienia, że chcemy przyczynić się do poprawy jej zachowania, sposobu działania lub efektu pracy. Celem krytyki wyrażanej jako sugestia lub propozycja poprawy nie jest przecież nic złego. Jeśli to możliwe, zasygnalizuj również swoje zrozumienie dla niezbyt korzystnego zachowania czy nieudanych efektów pracy. Często twój rozmówca nie postępuje świadomie „źle" i zazwyczaj ma jakieś wyobrażenie dotyczące swojego postępowania. Decydujące są zatem sposób krytykowania i stojący za krytyką zamiar. Krytyka oparta na szacunku powinna być tak sformułowana, by nie była postrzegana jako obraźliwa, lecz motywująca. Tylko wtedy, gdy człowiek jest postrzegany i oceniany w miarę możliwości jako całość, ze wszystkimi swoimi zaletami i wadami, dobrymi i złymi cechami, krytyka może być obiektywna.

W komunikacji w ogóle, ale w odniesieniu do krytyki w szczególności, ważne jest, aby wiadomość nadawcy została przyjęta i prawidłowo odebrana przez odbiorcę. Decydujące znaczenie ma sposób, w jaki dana osoba odbiera emocjonalnie i ocenia otrzymany feedback, gdy jest on krytyczny. Jeśli wykazuje się wobec osoby krytykującej postawą przychylnego oczekiwania, wówczas odbierze feedback raczej jako życzliwą chęć pomocy, a tym samym wyraz szacunku. Jednak ludzie, którzy są bardzo wrażliwi i negatywnie nastawieni do wszelkich

”

ABY KRYTYKA BYŁA ODCZUWANA JAKO OPARTA NA SZACUNKU, POWINNA BYĆ POZYTYWNIE UKIERUNKOWANA, TO ZNACZY PODKREŚLAĆ MOCNE STRONY, NIE PRZERYSOWYWAĆ SŁABOŚCI I SKUPIAĆ SIĘ NA SUGESTIACH POPRAWY.

informacji zwrotnych i reakcji otoczenia, będą postrzegać każdą dobrą i dawaną w dobrej wierze radę jako cios w najprawdziwszym tego słowa znaczeniu. Sednem problemu po stronie krytykowanego jest wówczas jego własna urażliwość, którą każdy z nas zna w mniejszym lub większym stopniu i która stoi na drodze do komunikacji i relacji opartych na szacunku tak samo jak destrukcyjna krytyka.

Umiejętności związane z krytyką

Z naukowego punktu widzenia rozróżnia się dwa rodzaje umiejętności związanych z krytyką. Podczas gdy czynna forma krytyki odnosi się do umiejętności konstruktywnego krytykowania, forma bierna umożliwia osobie krytykowanej konstruktywne radzenie sobie z krytyką, którą otrzymuje. Ponieważ ludzie zazwyczaj nie są tylko nadawcami lub tylko odbiorcami krytyki, potrzebują dwóch rodzajów umiejętności z nią związanych i zależnych od empatyczności. By krytyka była odbierana jako oparta na szacunku, potrzeba dużych umiejętności związanych z krytyką zarówno po stronie osoby krytykującej, jak i krytykowanej. Jest to kwestia przekazywania krytyki w sposób oparty na szacunku, to znaczy konstruktywny, a nie obraźliwy, i odwrotnie: reagowania na krytykę również w sposób pełen szacunku.

Jak konstruktywnie uprawiać samokrytykę

Stwierdzenie, że konstruktywna krytyka jak najbardziej może opierać się na szacunku, odnosi się również do samokrytyki. W przypadku wartościowej krytyki może ona wzmocnić poczucie własnej wartości i pewność siebie. Zniuansowane, krytyczne spojrzenie na własną osobę nie tylko świadczy o osobistej dojrzałości i suwerenności, ale również oznacza zaufanie do własnego osądu. Samokrytyczni ludzie biorą w swoje ręce tak ważne zadanie jak analiza własnej osobowości i korekta zachowania i nie uzależniają się od oceny innych. Rozsądna samokrytyka powinna jednak zawsze uwzględniać odmienne punkty widzenia i poważnie traktować perspektywę z zewnątrz.

Natomiast osoby, które mają niepochlebny obraz siebie samych, odrzucają własną osobę i poniżają się w sposób niemal masochistyczny, są narażone na „uzależnienie od samokrytyki". Potęguje ono kompleksy niższości, z którymi boryka się taki człowiek, nierzadko wiąże się z dolegliwościami psychosomatycznymi, a w niektórych przypadkach prowadzi do rezygnacji, stanów depresyjnych i skłonności samobójczych. Dlatego właśnie w przypadku samokrytyki, która zakłada pewne zdystansowanie się od samego siebie, szczególnie ważna jest jej odpowiednia dawka.

Domaganie się szacunku

Udana komunikacja oparta na szacunku obejmuje również domaganie się szacunku dla samego siebie. Ponieważ człowiek potrzebuje zainteresowania, uznania i szacunku, ale ta podstawowa potrzeba jest zaspokajana w coraz mniejszym stopniu, ma on prawo oczekiwać jej spełnienia. Domaganie się szacunku zaczyna się od określenia granicy swojej uraźliwości, w następnym kroku polega na sformułowaniu własnych potrzeb, a kończy się wyraźnym uznaniem swoich cech charakteru i osobowości. Jest to ważne przede wszystkim dlatego, że szacunek wzmacnia poczucie własnej wartości, a zmiana może nastąpić tylko wtedy, gdy wiąże się ona z korzyścią dla nas samych. W przypadku szacunku oprócz perspektywy większego ciepła emocjonalnego i zapobiegania izolacji i samotności korzyść ta polega przede wszystkim na jego działaniu wzmacniającym nasze poczucie własnej wartości. Odzwierciedlają to słowa szwajcarskiego pisarza Petera F. Kellera: „Gdy mniej oceniamy, a więcej okazujemy sobie szacunku, przynosi to korzyść wszystkim".

OPANOWANIE – ZIMNA KREW I WEWNĘTRZNY SPOKÓJ

Żaden opis postawy opartej na szacunku nie byłby kompletny, gdyby nie rozważyć jej w kontekście opanowania. Bez pewnej dozy opanowania prawdziwy szacunek jest prawie niemożliwy, ponieważ trzeba do pewnego stopnia zrezygnować z uznania, którego pragnie się dla samego siebie, aby móc dać je innym. Już Mistrz Eckhart podkreślał ten aspekt opanowania: „Aby być opanowanym, trzeba najpierw umieć się wycofać".

Im dojrzalszą i bardziej opanowaną osobowością charakteryzuje się człowiek, tym bardziej będzie w stanie szanować wartość innych. Tylko ten, kto zrezygnuje z ciągłej batalii porównywania się z innymi, kto jest samowystarczalny i potrafi oprzeć się żądzy przewagi i władzy, będzie tolerował obok siebie inne bóstwa. Poniżej znajdziesz najważniejsze elementy, które składają się na opanowane funkcjonowanie w świecie, oraz ogromne zalety opanowania nie tylko, ale również, w kontekście szacunku.

- Opanowanie ma charakter uzupełniający w stosunku do szacunku i różni się od niego emocjonalnym ukierunkowaniem. Podczas gdy szacunek jest skierowany na zewnątrz i ujawnia się w kontakcie z innymi, opanowanie służy raczej wzmocnieniu i ochronie siebie samego. Obie te umiejętności są postawami wobec życia i świata, które można wypracować na drodze rozwoju osobowości.
- Opanowani ludzie mogą obiektywniej analizować problemy, przyjmować bardziej zdystansowaną postawę wobec trudności i łatwiej odsuwać na bok zmartwienia. Osób opanowanych nie przytłoczą chwilowe afekty czy buzujące emocje i nie dadzą się one popchnąć do bezmyślnych działań.
- Opanowanie nie oznacza ignorowania problemów i zmartwień. Osoba opanowana spojrzy na nie jednak z dystansem i podejdzie do nich w sposób przemyślany. Nie podda się dyktatowi chwilowych

nastrojów i potrzeb, nie pozwoli się ogarnąć oburzeniu ani nie będzie działać zaślepiona gniewem. Człowieka takiego nie pożre ambicja, nie zniszczy obraza i nie przytłoczy zmartwienie.

- Opanowanie nie ma też nic wspólnego z brakiem zainteresowania i zaangażowania, raczej gwarantuje ono równowagę wewnętrzną nawet w burzliwych momentach życia. Gdy patrzy się na rzeczywistość ze spokojem, dokładnie widać problemy, a postrzeganie nie jest zniekształcone silnymi emocjami. Umożliwia to przemyślane reagowanie nawet w bardzo trudnych sytuacjach.
- Człowiek opanowany jawi się innym jako doświadczony i suwerenny, imponuje rozwagą i spokojem, a także daje otoczeniu poczucie bezpieczeństwa. A ponieważ taka osoba potrafi odciąć się od rywalizacji, nie upiera się uporczywie przy swoim i nie daje się zawładnąć chciwości, cechuje ją duży stopień wolności.

Blisko spokrewniona z opanowaniem, które bardziej dotyczy reakcji emocjonalnych, jest rozwaga, odnosząca się do racjonalnej strony wewnętrznego spokoju i dotycząca zachowywania zimnej krwi w burzliwych sytuacjach. Kiedy udaje nam się spokojnie wznieść ponad targające nami emocje i zająć suwerenne stanowisko, jesteśmy w stanie trzeźwiej analizować sytuację i logiczniej myśleć. Oznacza to więc, że powinniśmy być opanowani nie pomimo, ale z powodu wielu wyzwań i trudności.

Doniosłość prawdziwego opanowania dla odczuwania i zachowania człowieka pokazuje jego ogromne znaczenie w psychologii, psychoterapii, filozofii i religii. Jeśli szukać wspólnych cech między licznymi, w większości znacznie się od siebie różniącymi szkołami psychoterapeutycznymi, można doszukać się przynajmniej jednego punktu wspólnego: wszystkie chcą umożliwić pacjentom bycie bardziej opanowanymi. I odwrotnie: opanowanie okazuje się ogromną zaletą w doradztwie i terapii. Klienci i pacjenci dużo chętniej zdobywają się na podzielenie się swoimi błędami i obawami z kimś, kto wykazuje się opanowaniem, kogo niełatwo wyprowadzić z równowagi i kto nie sprawia wrażenia zagubionego w obliczu żadnego problemu.

Nawet cnoty, do których zachęcają religie, takie jak umiarkowanie, uważność czy łagodność, nie są niczym innym niż opanowaniem. Ta wewnętrzna postawa jest uważana za jedną z najbardziej pożądanych umiejętności człowieka, dzięki której można lepiej radzić sobie z trudnościami życiowymi i łatwiej przezwyciężać kryzysy.

Podsumowując, można powiedzieć, że opanowanie nie jest niezbędnym warunkiem postawy opartej na szacunku, ale wpływa na nią korzystnie i idealnie ją uzupełnia. Dzieje się tak dlatego, że opanowany człowiek zna siebie, swoje słabości i swoją wartość. Potrafi z pewnym dystansem oceniać wszystkie problemy i zna własne reakcje emocjonalne. Ataki i obelgi nie wywołują w nim stanu uczuciowego wzburzenia z towarzyszącą mu huśtawką emocji. Te kompetencje dają osobie opanowanej poczucie bezpieczeństwa i zwiększają jej wiarę we własne siły, co sprawia, że jest w stanie traktować innych z szacunkiem.

DOCEŃMY GODNOŚĆ

Ludzka lub osobista godność, o którą chodzi w szacunku, jest całkowicie ukierunkowana na ludzi i definiowana jako „poszanowanie posiadanych wartości, które cechują człowieka, oraz przypisanego im z tego względu znaczenia". Pierwotnie godność, jako „wewnętrzny honor", odnosiła się do prestiżu i rangi konkretnej osobistości. Ponadto godność można przypisać autorytetom moralnym, osobom piastującym urzędy i funkcje, czyli dostojnikom, a także instytucjom oraz zgodnie ze współczesnym rozumieniem zwierzętom i przyrodzie.

Pojęcie godności jest bardzo podobne do pojęcia wartości i szacunku. W potocznym użyciu kojarzy się zazwyczaj z ważnymi instytucjami, z uroczystościami i rytuałami, ale także ze sławą i zaszczytami.

Najczęściej cytowany jest opis godności autorstwa Friedricha Schillera. W swoim dziele *O wdzięku i godności* pisał on: „Panowanie nad instynktami dzięki sile moralnej jest wolnością umysłu, a godność jest jej wyrazem zewnętrznym. Godność posiada różne stopnie i tam, gdzie zbliża się do wdzięku i piękna, staje się szlachetnością, a gdzie graniczy z owocnością, staje się dostojeństwem. Najwyższym stopniem wdzięku jest urok, a najwyższym stopniem godności jest majestat".

W chrześcijaństwie pojęcie godności wywodzi się ze starotestamentowego opisu i stanowi obraz Boga, a przyznawana jest każdemu człowiekowi jako jego stworzeniu. Filozofia widzi godność w niezwykłej naturze i charakterze człowieka, w jego samostanowieniu i autonomii, w zdolności do przezwyciężania trudności materialnych i do prowadzenia przepełnionego dobrem życia. Godność jest w końcu koniecznym warunkiem szczęśliwej egzystencji.

Z psychiatrycznego punktu widzenia tematem tym zajmował się przede wszystkim psychoanalityk Léon Wurmser, który wskazał, że wstyd jest strażnikiem ludzkiej godności. Ostatnio badacz mózgu Gerald Hüther udowodnił, że godność nie jest konstruktem etyczno-filozoficznym, ale neurobiologicznie zakotwiczonym wewnętrznym kompasem, który pozwala człowiekowi odnaleźć się w różnorodnych wyzwaniach naszego niezwykle złożonego świata. Tego, kto jest świadomy swojej godności, niełatwo zwieść.

W kontekście szacunku pierwszorzędne znaczenie ma godność człowieka. Zgodnie ze współczesnym poglądem jest ona z jednej strony wartością, która w równym stopniu przysługuje wszystkim istotom ludzkim bez względu na pochodzenie, płeć, wiek czy status, a z drugiej wartością, na której podstawie istoty ludzkie stawiają się ponad wszystkimi innymi istotami żywymi i rzeczami. Obejmuje ona roszczenie do wartości i uznania, do których człowiek jest uprawniony wyłącznie ze względu na swoje człowieczeństwo, i stanowi sumę wszystkich praw człowieka. Godność ludzka

”

PO OKRESIE OŚWIECENIA GODNOŚĆ ZACZĘŁA BYĆ POSTRZEGANA JAKO WARTOŚĆ MORALNA, JAKO NIEODŁĄCZNA CECHA ISTOTY CZŁOWIEKA I PODSTAWA KSZTAŁTOWANIA DOBREGO POSTĘPOWANIA.

jest zakorzeniona w tradycji religijnej – człowiek postrzegany jako korona stworzenia – oraz w myśli filozoficznej i znajduje swoje umocowanie w prawach podstawowych. Powszechna deklaracja praw człowieka z 10 grudnia 1948 roku wymienia niezbywalne prawa, które dotyczą wszystkich istot ludzkich, bez względu na płeć, kolor skóry, religię, język, poglądy polityczne, pochodzenie społeczne lub narodowe. Stwierdza ona: „Wszyscy ludzie rodzą się wolni i równi pod względem swej godności i swych praw. Są oni obdarzeni rozumem i sumieniem i powinni postępować wobec innych w duchu braterstwa (art. 1) [...] Każdy człowiek ma prawo do życia, wolności i bezpieczeństwa swej osoby (art. 3)”[23]. Spośród ponad stu wymienionych praw bardzo wiele ma związek z szacunkiem, jak na przykład prawo do życia, zakaz dyskryminacji, wolność słowa, prawo do pracy i wypoczynku, prawo do żywności, odzieży i mieszkania.

Szacunek powinien być ukierunkowany na te podstawowe prawa człowieka. Rzeczywistość jest jednak inna. Tytuł bestsellera niemieckiego pisarza Wiglafa Droste z 2015 roku brzmiał *Die Würde des Menschen ist ein Konjunktiv* (Godność człowieka to mrzonka). Ale tę sytuację można zmienić. Po prostu spróbuj doświadczyć – dla siebie i innych ludzi – mocy szacunku.

PRZYPISY

1 Lena Funk, *Empathie*, [w:] *Psychologie der Werte. Von Achtsamkeit bis Zivilcourage – Basiswissen aus Psychologie und Philosophie*, red. Dieter Frey, Springer, 2016, s. 53–54.

2 Sara H. Konrath i in., *Changes in Dispositional Empathy in American College Students Over Time: A Meta-Analysis*, „Personality and Social Psychology Review" 2011, 15 (2), s. 180–198.

3 Deutsches Institut für Vertrauen und Sicherheit im Internet (DIVSI, Niemiecki Instytut do spraw Zaufania i Bezpieczeństwa w Internecie), *DIVSI U25-Studie – Euphorie war gestern. Die „Generation Internet" zwischen Glück und Abhängigkeit*, 1.11.2018, www.divsi.de.

4 Christian Maggiori, wywiad w „La Liberté", 28.12.2018.

5 Shalom H. Schwartz, i in., *Refining the Theory of Basic Individual Values*, „Journal of Personality and Social Psychology" 2012, 103 (4), s. 663–688.

[6] Myriam Mongrain, *Are positive psychology exercises helpful for people with depressive personality styles?*, „The Journal of Positive Psychology" 2011, 6 (4), s. 260–272.

[7] www.selbstwert-manual-scholz.com.

[8] www.respectresearchgroup.org.

[9] Ann-Kristin Achleitner, *Kontrolle ist gut, Vertrauen besser*, „Handelsblatt" 2013, 236, s. 58–89.

[10] Elisa Neuvonen i in., *Late-life cynical distrust, risk of incident dementia and mortality in a population-based cohort*, „Neurology" 2014, 82 (24), s. 2205–2212.

[11] Olga Stavrova, Daniel Ehlebracht, *Cynical beliefs about human nature and income: Longitudinal and cross-cultural analyses*, „Journal of Personality and Social Psychology" 2016, 110 (1), s. 116–132.

[12] Johannes Siegrist, *Arbeitswelt und stressbedingte Erkrankungen. Forschungsevidenz und präventive Maßnahmen*, Urban & Fischer, 2015.

[13] Isabell Welpe i in., *Pay Professors for Performance*, Uniwersytet Techniczny w Monachium, prezentacja podczas obrad końcowych Uniwersytetu Technicznego w Monachium w dniach 14.01–15.01.2015.

[14] Nicky Hoogveld, Nick Zubanov, *The power of (no) recognition: Experimental evidence from the university classroom*, „Journal of Behavioral and Experimental Economics" 2017, 67, s. 75–84.

[15] Carol S. Dweck, *Mindset. How you can fulfill your potential*, Constable & Robinson Limited, 2012.

[16] Eddie Brummelman i in., *„That's not just beautiful – that's incredibly beautiful!". The adverse impact*

of inflated praise on children with low self-esteem, „Psychological Science" 2014, 25 (3), s. 728–735.

[17] Wendy Mogel, *The Blessing of a B Minus: Using Jewish Teachings to Raise Resilient Teenagers*, Scribner, 2011.

[18] Claudia Wille, *Wege aus der Beziehungskrise*, „Medizin Populär" 2014, 3, s. 7–12.

[19] D. Lohaus, C. Rietz, S. Haase, *Talente sind wählerisch – was Arbeitgeber attraktiv macht*, „Wirtschaftspsychologie Aktuell" 2013, 20 (3), s. 12–15.

[20] www.gallup.com: *Engagement Index Deutschland, Präsentation zu Engagement-Index und Meta-Analyse 2012, 2014.*

[21] Barbara Fredrickson, Marcial Losada, *Positive Affect and the Complex Dynamics of Human Flourishing*, „American Psychologist" 2005, 60 (7), s. 678–686.

[22] Kraftwerk Anerkennung OG, *Umfrage Anerkennungskultur in unserer Wirtschaft. Ergebnisse 2013*, https://karrierebibel.de/wp-content/.../KW-A_Ergebnisse_Umfrage_Anerkennung.pdf.

[23] https://www.unesco.pl/fileadmin/user_upload/pdf/Powszechna_Deklaracja_Praw_Czlowieka.pdf, dostęp 5.11.2021 (przyp. tłum.).

POLECANE KSIĄŻKI

Bauer Joachim, *Warum ich fühle, was du fühlst. Intuitive Kommunikation und das Geheimnis der Spiegelneurone*, Heyne.

Borbonus René, *Respekt! Wie Sie Ansehen bei Freund und Feind gewinnen*, Econ.

Brodnig Ingrid, *Lügen im Netz. Wie Fake News, Populisten und unkontrollierte Technik uns manipulieren*, Brandstätter.

Buchheld Nina, *Achtsamkeit in Vipassana-Meditation und Psychotherapie*, Peter Lang.

Buckingham Marcus, Coffmann Curt, *Erfolgreiche Führung gegen alle Regeln. Wie Sie wertvolle Mitarbeiter gewinnen, halten und fördern*, Campus.

Ciompi Luc, Endert Elke, *Gefühle machen Geschichte. Die Wirkung kollektiver Emotionen – von Hitler bis Obama*, Vandenhoeck & Ruprecht.

Demmerling Christoph, Landweer Hilge, *Philosophie der Gefühle – Von Achtung bis Zorn*, J.B. Metzler.

Dorsch. Lexikon der Psychologie, red. Markus Antonius Wirtz, Hogrefe.

Droste Wiglaf, *Die Würde des Menschen ist ein Konjunktiv*, Goldmann.

Ebert Helmut, Pastoors Sven, *Respekt. Wie wir durch Empathie und wertschätzende Kommunikation im Leben gewinnen*, Springer, 2018.

Faust Volker, *Psychiatrie heute*, http://www.psychosoziale-gesundheit.net/.

Frevert Ute, *Die Politik der Demütigung. Schauplätze von Macht und Ohnmacht*, S. Fischer.

Gottman John M., *Die 7 Geheimnisse der glücklichen Ehe*, Ullstein.

Haller Reinhard, *Die Macht der Kränkung*, Ecowin.

Haller Reinhard, *Die Narzissmusfalle. Anleitung zur Menschen- und Selbstkenntnis*, Ecowin.

Hane Reika, *Gewalt des Schweigens. Verletzendes Nichtsprechen bei Thomas Bernhard, Kōbō Abe, Ingeborg Bachmann und Kenzaburō Ōe*, De Gruyter.

Hansen Hartwig, *Respekt – Der Schlüssel zur Partnerschaft*, Klett-Cotta.

Hüther Gerald, *Würde. Was uns stark macht – als Einzelne und als Gesellschaft*, Albrecht Knaus.

Kirshenbaum Mira, *Ich will bleiben. Aber wie? Neuanfang für Paare*, Fischer.

Margalit Avishai, *Politik der Würde. Über Achtung und Verachtung*, Suhrkamp.

Nyanaponika Mahathera, *Im Lichte des Dhamma*, Christiani.

Peters Uwe Henrik, *Lexikon Psychiatrie, Psychotherapie, Medizinische Psychologie*, Urban & Fischer.

Psychologie der Werte. Von Achtsamkeit bis Zivilcourage – Basiswissen aus Psychologie und Philosophie, red. Dieter Frey, Springer.

Reiss Steven, *Das Reiss Profile. Die 16 Lebensmotive. Welche Werte und Bedürfnisse unserem Verhalten zugrunde liegen*, Gabal.

Schwartz Thomas, *Durch Wertschätzung zur Wertschöpfung. Wirtschaftsethische Überlegungen zur Mitarbeiterführung*, www.agv-vers.de/uploads/tx_seminars.

Sennett Richard, *Respekt im Zeitalter der Ungleichheit*, Berlin Verlag.

Sommer Andreas Urs, *Werte. Warum man sie braucht, obwohl es sie nicht gibt*, J.B. Metzler.

Wardetzki Bärbel, *Kränkung am Arbeitsplatz. Strategien gegen Missachtung, Gerede und Mobbing*, Deutscher Taschenbuch Verlag, 2013.

Weidner Markus F. i Hannelore, *Anerkennung und Wertschätzung. Futter für die Seele und Treibstoff für Erfolg*, Gabal.

Wurmser Léon, *Die Maske der Scham. Die Psychoanalyse von Schamaffekten und Schamkonflikten*, Klotz.

Książki wydawnictwa GRÄFE UND UNZER

Berckhan Barbara, *Wahre Stärke muss nicht kämpfen.*

Eßwein Jan, *Achtsamkeitstraining.*

Hammer Matthias, *Der Feind in meinem Kopf und Liebe das Kind in dir.*
Matschnig Monika, *Körpersprache.*
Schlüter Christiane, *Kraftquellen für den Alltag.*

Wydawnictwo Otwarte sp. z o.o.,

ul. Smolki 5/302, 30-513 Kraków. Wydanie I, 2022.

Druk: Opolgraf